凱信企管

用對的方法充實自己，
讓人生變得更美好！

凱信企管

用對的方法充實自己，
讓人生變得更美好！

凱信企管

用對的方法充實自己，
讓人生變得更美好！

凱信企管

用對的方法充實自己，
讓人生變得更美好！

好好老，不怕老！

一位居服員的體悟與省思，帶你提早做好迎老的身心準備。

目錄

前言

從老師當居服員，重新認識老後世界

這本書，獻給曾經被我照顧過的老人，代表我深深的感謝，這也是我對生命最誠摯的回饋。

在一個偶然的機緣下，我開啟了居服員的工作生涯。會接觸到這份工作，是因為平時在圖書館看書時，通常都習慣坐固定座位，而旁邊坐了一位中年女性，她也跟我一樣都選擇固定位置，所以彼此漸漸熟稔了起來。在交談的過程中，我才得知她從事居服員的工作，工作內容則是照顧老人。

我一聽之下，覺得很新奇，對於熱衷寫作且常開發各式各樣題材的我，老人

生活是個有趣、有意義的題材，且符合台灣人口老人化的趨勢。於是在好奇心的驅使下，便去那位居服員任職的公司應徵，開始從事居服員的工作。原本只是抱著好玩的心態去嘗鮮，但沒想到一做就做了四年多，直到自己所接的案子告一段落後，才興起將這四年來從事居服工作時的所見所聞寫成這本書。

回想這四年的工作經驗，**我彷彿是在「老人大學」就讀的學生，除了學習照顧老人的專業之外，也學習如何看待老病死**。而在這所「老人大學」中，「生命」就是「校長」，這些被我照顧的「老人」就是「老師」；這些老師讓我深刻的認識老年生活的實況，見識到生老病死的無常，以及生命的真相。

剛開始，我就像一位大學新鮮人，覺得老人大學好好玩，裡面森羅萬象，這些都是我平日生活中不曾接觸到的。接著升大二時，隨著照顧的個案失能程度越來越嚴重，我開始看到老化是如何折磨一個正常人，甚至整個家庭。大三時，我看到老人們在病魔與死神面前，是何等的脆弱、恐懼與無助。最後，大四了，我逐漸體悟到這就是生老病死，這就是生命。

在唸這所「老人大學」時，這些老師們，有時就像魔鬼訓練營中的嚴厲教練，訓練我用強大的內心力量，來面對心智已經不正常的老人們；有時這些老師們又像諄諄教誨的孔子，告訴我人生重要的道理。而「生命」這位校長，總是神龍見首不見尾，無聲無息的在我面前展現生命的真諦。

在唸這所老人大學後，我逐漸的感悟到**生老病死，就像是國民義務教育，我們都是來體驗的，我們都是來學習的**。在生老病死的教育歷程中，「生」如同唸國小、國中及高中，簡單且輕鬆。「老」與「病」，如同唸大學及研究所，複雜且艱難，修習的科目越來越多，也越來越困難，但對生命的體悟卻越來越深刻；修完了，人生也就完滿了，這才能領到畢業證書，順利畢業！

在這四年當中，**我雖然以「居服員」的身分來唸這所老人大學，但其實我在預習當老人**。看到老人失禁時，我在想，將來我失禁時，會不會像那些固執的老人，不肯穿尿褲？或者像那些發現自己失禁的老人一樣，是會惱羞成怒，還是會不知如何是好？看到失智老人在亂吃東西或玩大便時，我也在想，當我失智時，會亂吃亂玩些甚麼呢？看到老人得重病時那種驚惶與不安，若是發生在自己身上，我又會是甚麼樣的反應呢？每照顧一個老人，自己就開始實習當老人；每發生狀況，自己就開始預想老後生活。**隨著照顧的個案越來越多，就開始一層一層的撕開「生命」外層所包裹的華麗包裝紙，逐漸看清生命的真相。**

在這本書當中，我結合自己的所見所聞與工作經驗，將老後生活分成四個面向，分別是：

「可觀」—觀察的是老人身體特質及運作方式；

「可惱」—煩惱的是老人常見的疾病；

「可愛」—愛憐失智老人的辛苦與家屬的壓力；

「可貴」—貴重的是生命如何善終完滿。

這「可觀」、「可惱」、「可愛」、「可貴」，可說是我經歷四年多預習老後生活的精華，也是我唸了四年的老人大學的心得報告。

在此我深深的感謝那些曾被我照顧過的老人，他們用他自身的老化與病痛，**血淋淋的教我甚麼是老病死，讓我在未正式上老人大學時，先實習當老人，預習老後生活。同時，也由衷感謝凱信出版願意給我這個機會，讓大家能藉由此書，學習當一位健康且從容的老人，預習規劃充實且有尊嚴的老後生活。**

總之，好好當老人，老人好好當！

第一章　你的老，其實很「可觀」

甲骨文中的「老」字（），就像老人拄著拐杖，彎著腰的樣子。這個「老」字還可以做其他的聯想，如子孫照顧長輩就是孝順的「孝」，女生老了就變成「姥」。另外「老」字的意涵，有年紀大的，如「老人」；有當作對長輩的尊稱，如「國之大老」等，這些也象徵了「老」的情況。由此可知，古人判定老的標準，大多是從「外觀」及「年齡」著手。到了近代文明，評斷一個人是否有「老化」，或者是否能稱之爲「老人」，則有更嚴格的標準。

「老」

一、關於「老化」

「老化」，是指事物隨著時間的變遷而陳舊、消退，失掉原有的功能。就物理來說，「老化」是物料在自然或人工環境條件下，性能隨時間衰退的現象；就生物學及醫學來說，「老化」是身體隨時間而退化的現象。可見「老化」是萬事萬物的常態，即使是萬物之靈的人類也不例外。

老化的主觀看法

那麼人類從何時開始「老化」呢？

坊間有一個蠻流行的詞語，那就是「初老」，它的十大症狀如下：

1. 想找人聊天，卻發現已經沒啥朋友時。
2. 周遭的人開始不聊電動幹話，只聊結婚家庭小孩投資時。

3. 開始覺得金錢利益至上，道德溫良恭儉讓是屁時。
4. 以前會覺得未來還有機會脫單，開始覺得自己人生已經可以準備孤老時。
5. 開始不想把時間都花在工作上，沒日沒夜工作時。
6. 買早餐老闆娘開始叫妳先生，不叫你帥哥時。
7. 下班回家看 YouTube 和 ptt 看到睡覺，什麼也提不起勁時。
8. 超好玩的電玩，突然玩到空虛心慌時。
9. 到友情愛情敵不過利益，只有親情勉強可以時。
10. 回老家看到媽媽已經滿頭白髮，會很想哭時。

以上這十種症狀雖然沒有科學及醫學的檢驗與認可，但我們從中可以體會到：老化，老的不只是身體，還有心理狀態與價值觀的改變。由此可見，**老化，很像一種破壞力極強的無形病毒，在不知不覺中，入侵我們的身體，並侵蝕了我們的心態甚至價值觀，然後擴散到身心靈全面。**

而這樣的標準可以說是很主觀的，當自己只要有其中一項的症狀，就可以稱得上「初老」，就已經開始進入「老化模式」。

❓老化的客觀標準

那麼「老化」是否有明確的起始點呢？

有的學者認為，「老化」和「成長」一樣，從嬰兒一出生就開始，只是剛開始速度很緩慢，也幾乎沒有任何症狀，因此沒被發覺而已。另外，也有學者認為，「老化」是從有機體成熟或成年期（泛指二十歲至四十歲的時期）後，身心逐漸的改變，功能逐漸的衰退。奧斯泰德教授（Steven N. Austad）發現人類的死亡率，呈現V字型的曲線（指死亡率0歲起下降，在十歲前後達到最低，之後則呈現規律上升），因此認為人類老化的起始期是十一或十二歲。

從以上各家學派的定義，可得出一個結論：**老化是一種持續改變的過程，而且是一種內建於身體內的運作模式**。雖沒有明確的起始點，但從個人的感知可以感受到老化正在運作著。可見，老化與成長，是身體的一體兩面。人從出生的起點開始成長，同樣的也離死亡的終點逐步接近。

老化的身心變化

簡而言之，老化有幾組關鍵詞如下：「改變」、「身體」、「心理」及「持續」。這些關鍵詞，可以概略說明老化的特色。

1. 身體外觀的變化

「身體外觀老化檢查表」：有症狀者請在下列方框中打勾。

皮膚方面：☐粗糙、☐乾枯、☐皺紋。
臉部方面：☐長黑斑、☐有眼袋，☐起皺紋、☐魚尾紋、☐笑紋、☐額紋。
頭髮方面：☐掉髮、☐稀鬆、☐灰白、☐禿頭。
牙齒方面：☐鬆動、☐掉落、☐腐蛀。
身高方面：☐弓背、☐駝背。
體重方面：☐體重增加，☐腹部凸出（男性啤酒肚）。
男性方面：☐雙頰及嘴角附近的鬍鬚增多。
女性方面：☐更年期。

你們總共勾中幾項呢？

勾得越多，不代表您真的是老人了！只能說老化現象越來越明顯了！**身體外觀的老化，往往與「更年期」有關**。除了女性有更年期（年齡多落在四十至五十歲之間）之外，男性也有更年期（男性通常落在五十歲之後）。

(1)「更年期」是「關鍵期」

更年期與青春期，都是人一生中，身體變化最劇烈的時期。青春期，通常使人樂觀成長；更年期往往使人驚懼沮喪。

我有位朋友對於更年期，又驚又怕！當她一發現這個月沒來，又發現自己猛冒汗，她緊張且又難過地跟我說：「我的更年期來了！大姨媽再也不會來了！」看著她又沮喪又害怕的樣子，心裡在想，只不過是更年期罷了，有必要如此沮喪嗎？

生老病死，人之常情。老天給我們生氣勃勃的「青春期」，自然也會給我們老氣橫秋的「更年期」，這就是生命的平衡。我們雖躲不過歲月這把無情刀，但也可以轉換心態，將歲月這把「無情刀」，轉化成「智慧劍」。

我於是熱心的幫朋友收集許多關於更年期的資料，讓她從飲食、運動及心靈三方面著手，讓自己擁有健康又愉悅的更年期。於是她每天做運動、吃健康、喝營養，並強化自己將「更健康、更有活力」的信念。更年期，不只更換了她的身體，也更新了她的心靈。

她把更年期的老化過程，轉化成一趟充滿生命力又美麗的更新之旅。在她的努力之下，更年期，變成是一位教我們如何接受變老，以及引導我們重新檢視自身對於老化的信念的「生命導師」。她充滿感激的對著自己的卵巢說：「謝謝您辛苦的付出，您該退休了！」

新年時，處處可見「一元復始，萬象更新」的賀歲詞。**更年期，也是我們生命旅程萬象更新的時期**，因此就用樂觀愉悅的心情，來歡迎我們生命的更新期吧！

(2) 提升「自癒力」加速更新

人體的作業系統，如同電腦一樣有重新啟動的功能，電腦只需按下按鍵，就可重新啟動，而身體則必須依靠「自癒力」來重新啟動。日本外科名醫岡本裕認為「自癒力」功能正常的話，可以處理 90% 人體內的病痛。另外，美國著名的 Andrew Weil 醫師也表示：「自癒力就是人體內醫術高明的醫生」。

電腦的更新鍵只有一個，而人體的更新鍵，則必須要同時按下五種按鍵：分別是「不依賴藥物」、「充足的睡眠」、「平穩的情緒」、「均衡的營養」、「適量的運動」，缺一不可。當這五種按鍵按下去之後，自癒力將如水到渠成且源源不絕，身體將能充分且迅速的更新，那麼惱人的更年期，將會轉化成激勵身心的更新期。

2. 身體內部的變化

《身體內部老化檢查表》：有症狀者請在下列方框中打勾。

肌肉方面：□肌纖維萎縮、□肌肉硬化。
骨骼方面：□骨骼變脆、□易損害或折斷。
器官方面：□五臟六腑出現問題。
功能方面：□腦部心智及記憶能力減退、□視力衰退、□聽力衰退、
□四肢活動力減退。
血管方面：□血管硬化、□三高。
生殖方面：□性功能逐漸衰退。

你在這個部分總共勾中幾項呢？

勾得越多，可能代表老化的速度開始加快囉！**在身體內部的老化方面，往往與中醫觀念中的「氣血」有關。**

(1) 用運動保持氣血平衡

「氣」是維持生命的最重要能量，中醫稱「元氣」。它是身體內推動血及水（津液）的能量。大至身體器官的供應，小至細胞外養份及廢物的交換，都要依

靠氣的推動。**「氣」如同地球中的太陽**，可以溫煦臟腑，對外防止病邪入侵、對內滋潤陰血津液（中醫對人體內一切液體的總稱）。**「血」如同地球中的河流**，則是提供養分給各個器官和五臟六腑。「血」靠著氣在體內循環運行，「氣」則需要血的養分成為它的再生能源。氣血的運行，是相互依存且相輔相成。

氣血運行，是人體這部電腦中，最重要的作業系統。經由「氣」的推動，「血」才能將養分運送到各個細胞器官及臟腑。氣血運行的作業系統，是先天內建而成的，由自律神經負責管控。這套作業系統運作不良的話，容易造成血瘀、氣鬱、水滯的情形，因而產生如三高、水腫及肥胖等疾病。而「運動」則可以提升這套作業系統的運作效能，使身體的氣血津液再度回到最適當的運作平衡點。

(2) 運動靠自律

想要健康靠什麼，是運動，睡眠，還是食品呢？其實這些都需要，但還需要一種核心技術──那就是「自律」。

有一次我穿好衣服照鏡子時，看見鏡中的自己小腹微凸，我望著鏡中的自己，感嘆身材開始飄起大嬸味了！

「不行！」我心中暗自說，就算是大嬸，也要成為健康又美麗的大嬸。

於是我開始啟動減肥計畫，打造一個全新的自己。減肥雖是減去肥胖，但其實也需要加減乘除的運算。首先「減去」熱量，**「加強」運動，「乘上」毅力，「除去」時間**，運算結果為一個健康又美麗的自己。

一個健康又美麗的自己，開完根號後就是「自律」。「自律」簡單來說就是「自我管理」——「斷」掉不良的習慣，「捨」掉多餘的欲望，「離」開過往的情境。經由自律淬鍊後的自己，身體強壯了，內心也更強大了！

「自律」的背後，其實是「信念」——一個想要讓自己更好更健康的念頭。唯有堅定的信念，讓自律更有效率，因此想健康，靠自律！

有了穩固的生命信念，將會有堅定的自律精神，也才會有持久的運動習慣，那麼身體的氣血作業系統，將能發揮連鎖運作的效果，讓自己氣順血暢，生病老化OUT！

3. 心理變化

《心理狀態檢查表》：有症狀者請在下列方框中打勾。

□怕老　□怕病　□怕死

你若在這個部分全勾者，可說是人之常情。

但綜合以上兩項，勾得越多則越有當「老人」的潛質喔！在心理狀態的老化方面，則與「恐懼」有關。

(1) 預習戰勝恐懼

人生，像是一場無法彩排的戲，但隨著我照顧的案主即將走到人生終點站，我自己彷彿也在預習死亡。

已經腎衰竭的奶奶，有時因爲鉀離子過高，隨時可能面臨因爲心臟麻痺而死掉的危機。就這樣，我常常陪著奶奶坐救護車，並在急救室急救著。隨著次數越來越多次，她心裡也有數，知道自己時日不多，有時悲從中來，在我面前嚎啕大哭，哭著哭著，竟也會笑起來了……而我能做的，就是在旁邊安靜的陪著她。

有時我看著她爲病所苦，陷在求生不得求死不能的困境，我愛莫能助。除了有著深刻的無力感之外，內心隱隱約約有著一種莫名的恐懼，那就是當自己走到生命的盡頭時，會不會也像她一樣哭笑不得，或瘋瘋癲癲的？還是比她的情況更加難以想像呢？想著想著突然意識到，也許老天爺想藉由自己目睹人與死神搏鬥的痛苦經歷，來幫助我「預習」死亡這項嚴肅的生命功課。

我想，真的得感謝那些以自己身體的痛苦，瀕臨死亡的恐懼的案主們，幫助我們接觸並預習死亡，並且體會生命的無常與可貴，真的謝謝他們。生命無法彩排，更無法重來，我們這些尚未上場演出的演員們，應該好好珍惜並體驗這些難得的預習機會。

(2) 接納生命的不確定

《雜阿含經》第346經中說：「有三法，世間所不愛、不念、不可意。何等為三？謂老、病、死。」不愛就是不喜歡，不念就是不惦記，不可意就是不思念。一般人一提到老病死，通常都會在心裡想遮住眼睛，摀住耳朵，閉上嘴巴，這就是人性。

老病死可怕的地方，在於它們充滿了不確定感。但老病死如影隨形，而且深不可測，如何逃得了呢？只能接納生命的真相。「接納」與「接受」不同，接受容易，接納不簡單。腦部接受事實容易，心裡接納老病死並不容易。從「接受」到「接納」，像是一條塞車的高速公路，走走又停停，但終究得從交流道開下來。憤怒、無奈、擔憂及辛酸，皆是此條心路旅程的風景，只有依靠智慧與愛，才能一路順風，通行無阻。

(3) 老病死是下半人生主梗

一般人大約在四十歲過後，開始進入人生的下半場。

女人開始失去青春與美貌，男人開始失去體力與壯志，這些都是老化的現象。伴隨老化的是各種疾病，因此下半場的許多場景，多是在醫院病塌中進行的。再怎麼受歡迎的連續劇，都會有結束的一天。人生下半場的結局，不管貧富貴賤，都是死亡。總之，人生的下半場，老、病及死是「主梗」。

這就是人生，這就是生命的真相。

人生上半場與下半場，就像一杯有拉花的咖啡。上半場如同咖啡上層的拉花，生氣蓬勃且花團錦簇。下半場就如同拉花表面下的咖啡，不同的風景，不同的口味，好酒沉甕底，好咖啡在杯底，**人生的真滋味，越走到接近生命的終點，越能別有一番滋味在心頭。**

二、關於「老人」

前面講了很多有關老化的定義，但老化不等於老年人，接下來將從社會文化的角度出發，讓大家了解老年人的定義。

老年人的定義

不同的文化及不同的社會生態，對於「老年人」有著不同的定義。由於老化是一個漸漸變化的過程，因此從中年到老年的界線，往往是很模糊的。

1. 中國文化愛長壽

唐代社會寫實派詩人杜甫，在《曲江》二首中說道：「人生七十古來稀」，由此可見，古人對於老年人的年齡標準不同於現代。中國傳統上對於老年人的高齡，是有些專用的稱謂，例如：

60歲	耳順之年、花甲之年、耆艾（古稱60歲的人為「耆」）、下壽（古人以60為下壽）。
61歲	還曆壽。
70歲	從心之年、古稀之年、懸車之年、杖圍之年、中壽（70為中壽）、耄。
77歲	喜壽。
80歲	朝枚之年、朝枝之年、耄耋之年、傘壽、耋（指八九十歲的年紀）、中壽（80歲以上）。
88歲	米壽（米字拆開好似八十八）。
90歲	上壽（90為上壽）。
99歲	白壽，指99歲（百少一為99，故借指99歲）。
100歲	期頤（指百歲高壽）。
108歲	茶壽（茶字上面廿，下面為八十八，二者相加得108歲）。

在以上定義中，可以看出當時古人認為「老」與「壽」是相輔相成的，所以在祝賀他人高壽時，常用「壽與天齊」或「壽比南山」來祝賀，希望老年人的壽命比山高與天齊，這是因為古代醫學並不發達，能活到超過五十歲以上的，就可稱之為「老人」，且稱得上「壽」了！

講到壽字，讓人聯想到「福祿壽」傳統神仙，祂們是中國神話中分別象徵財富、功名、長壽的三仙。其中「壽」仙，是直挺挺的站著，而不是軟趴趴的躺著，並開心地笑著。因此壽仙藉由祂的姿態與神情，告訴我們**成功的老化，就是能好好站著、開心活著！**

2. 現代數字更精準

通常我們所說的高齡者（Aged population），泛指年滿六十五歲以上的人。根據我國的《老人福利法》第二條中規定，年滿六十五歲以上者稱之為「老人」。而世界衛生組織（World Health Organization）對「老年人」的定義為六十歲以上的人群。

用數字做為年齡界定的標準，雖然客觀簡單，但仍然不夠完整詳細。從老化的角度來看，它有生理及心理的變化，所以現代對於老年人的界定，有更仔細更完整的考量。

3. 社會專家更客觀

有的學者認為老年，光以年齡來界定有失客觀，應將人的「生理」、「心理」和「社會」三種因素來整合考慮，並從生物學、醫學、社會學與老人學等角度來做全盤性的考量。

(1) 人口統計學家將人分成三種人口類型：

分別是十五歲以下和六十五歲以上者為「經濟依賴人口」；十六歲以上至六十四歲之間者為「經濟勞動人口」；老年人則定位於六十五歲以上的「依賴人口」。

(2) 心理學家則將人類成長過程，分為八個時期：

分別為「產前期」、「嬰兒期」、「幼兒期」、「兒童期」、「青年期」、「成年期」、「中年期」及「老年期」；其中「老年期」是指從六十五歲到死亡的時期。

(3) 社會學家將老年人定義為三種：

分別為「生理的老年」：由於身體上功能殘障，缺乏自理能力且無法工作者。「心理的老年」：因精神頹喪，心智失常，沒有樂觀積極精神之人。「社會的老年」：根據退休年限的標準而訂定，通常依產業不同定為六十歲或六十五歲為退休年限。

從以上社會、心理、醫學等角度來界定的老年，更宏觀也更詳贍。由此可知，老年人，不光只是用數字就能定義的，他就像個有機體，有著複雜的生理和心理的作業系統，而且有時生理和心理還不一定同步老化，可見，老人可說一門學問，「老人學」也成為當今以及未來的顯學。

三、老人牌作業系統介紹

當我們搞清楚「老化」與「老人」的關係後，緊接著就要像劉姥姥進大觀園，來好好觀賞「老人牌作業系統」究竟有哪些明顯的特徵。

特徵一：獨特的體感溫度

台灣夏季的酷熱，真是讓人難以忍受！對許多人來說，若是沒有冷氣，根本難以度日；甚至有時熱到連路邊的狗狗都會溜進便利商店裡吹冷氣。但您知道嗎？有些老人僅靠著「電風扇」即能驅趕暑氣！

阿伯白手起家，建立一間公司。退休後，就交給兒子繼續打拚，也許因爲如此，在他身上留著勤儉持家的深刻印記，舉凡水或電，都是能省則省，即使到了快要熱死人的炎夏，仍然很節儉的使用冷氣。

早上十點半之前，阿伯就只吹電風扇，接著，才會開冷氣，而且溫度一律設定在27度，從來沒改變。一直吹到他用完午餐後，又關掉冷氣，然後開電風扇睡午覺。到了下午四點半起床，仍舊開電風扇，直到晚上六點吃晚餐，才會開冷氣，開到吃完晚餐後，就再也不開冷氣了。

我就這樣常常看阿伯開開又關關，直到他身上長了一堆濕疹，皮膚科醫生勸他要多吹冷氣，他才心不甘情不願的持續開冷氣。我也很佩服阿伯的耐熱力，於是在想老人的體感溫度，也許跟年輕人不一樣。年輕人血液循環快，所以即使一點點熱意，就會迅速的擴散到全身，因此得靠冷氣來降溫；老年人的血液循環慢，所以不容易感受到熱意，因此靠支電風扇徐徐地吹，就覺得很涼爽了。總之，每個人的體溫感應器不同，抗熱法寶也不盡相同。

老人的體感溫度擴散速度慢，這是他們的生理特徵；老人骨子裡勤儉持家的老習慣，是他們根深蒂固的心理特質。

特徵二：奇異的時間感

一般電腦的作業系統與時間息息相關，甚麼時間該進行甚麼樣的程式，完全都已經設定好了！可是老人牌的作業系統，似乎跟時間搭不上邊，而且很無感。「度日如年」、「歲月如梭」，這是兩種極端的時間感。可是，如此明顯的時間感，老人卻對它很無感。

奶奶八十多歲了，自從退休後，常待在家裡無所事事，吃飯睡覺就成爲她例行公事。有次十點多到她家，看到她還在吃早餐，我笑著跟她說：「這應該是早午餐吧！」我於是私下問外勞，爲甚麼奶奶這麼晚了還在吃早餐？外勞說因爲她還想睡覺，所以叫不起來。

等到奶奶睡午覺，卻常常睡到一半醒來，睡眼惺忪的問我，現在幾點了？等我告訴她之後，她又打開電視看政論節目，看著看著，又睡著了。睡沒多久又醒來，又再問我現在幾點了？

我從奶奶不斷的詢問時間的舉動，總覺得她好像脫離現實，活在另一個世界中。醒來後，又怕自己脫離現實生活太久，所以又常常在詢問時間，好把自己拉回現實世界。

奶奶讓我覺得，老人好像是嬰兒。嬰兒不是吃就是睡，也不知道現在幾點了？他們有自己的生活節奏，那種節奏是慢板且不斷重複的旋律。照顧老人，其實就像在照顧嬰兒，只不過嬰兒是不斷的成長，老人是不斷的退化。

有句廣告詞說：「想爲生活控制時間，時間卻控制你的生活。」就像奶奶想控制時間，歲月卻控制著她的身體。總之，老人的時間感，將隨著歲月而更無感……

老人牌的作業系統，運作時基本上是不看時間的，他們有他們自己的生活及心理節奏，就如同一般人的「心理鬧鐘」一樣，很難用現實的邏輯去理解他們的時間感。跟老人們相處，按照他們的節奏去互動，就能和諧順利許多。

特徵三：特殊的睡眠行為

電腦的作業系統，不分白天晚上，持續運作。老人牌的作業系統，卻逐漸喜好在夜間運作，白天有時會進入「休眠模式」。

俗話說；「吃飯皇帝大！」其實，睡覺的重要性，也不亞於吃飯。許多老人家往往都有睡眠上的問題。

我曾經照顧過一位七十多歲的爺爺跟我訴苦說他這陣子睡不好，即使躺在床上，眼睛閉上，腦子仍然不停的想東想西，直到自己受不了，才請我幫他去藥局買安眠藥。我考慮了一下，還是請他的家屬說服爺爺去看診，讓醫生開藥，這樣才比較安全。

拿回安眠藥之後，爺爺左思右想，還是決定不吃安眠藥，深怕自己一旦服用安眠藥，就再也停不了也戒不掉了！於是他採用民俗天然療法——睡前泡腳，果然好睡多了！

老人家的睡眠習慣很特別。白天看電視，看沒多久，就開始打瞌睡了！等到晚上要入睡時，卻反而睡不著；白天坐個按摩椅，按摩沒多久，就開始打呼了！等躺在床上時，卻翻來覆去睡不著。老人家的睡眠，呈現白天與晚上強烈對比。

老人家的睡眠習性，越來越像夜行性動物。這讓我回想起，以前照顧爸媽時，常在半夜跑急診。半夜的急診室，最多的是老人，因爲老人家睡不著，一有點小病痛，就痛到不行，等到醫生來看診，護理師安個點滴後，就心滿意足的出院。

看待老人家如此奇特的睡眠特質，就當作在照顧個既年長又脆弱的嬰兒。嬰兒睡覺一暝大一寸，老人睡覺卻可能是一暝老一歲，這是生理老化的速度，更是歲月無情的腳步啊！

老人日夜顛倒的睡眠行為，可以當作身體老化的症狀，也可能是生病的前兆，不可輕忽。如有睡眠的困擾，還是求助於醫師，經由詳細的診斷，才能知道真正的病因，切勿自己服用成藥。

特徵四：專屬的身體語言

一般的作業系統是無聲的程式語言，老人牌的作業系統是有聲的，而且還有他們獨特的身體語言。

老人，其實也是人，即使他們的身體越來越衰老，但仍然會用身體語言來表達他們的看法與感受。

在我照顧的老人中，十個大概有七個皮膚狀況都很多，再加上季節轉換及逐漸年老的關係，皮膚常常動不動就很癢。我曾照顧的一位阿伯，常常癢到整顆頭都被他抓得像癩痢頭，再加上他剪指甲時，不小心剪到肉而發炎，因此要我幫他洗頭髮。

我心想：「你怎麼不去美容院洗？美容院有舒服的洗頭椅，有涼爽的冷氣，還有專業的設計師。幹嘛擠在一個小小的浴室，還要洗個滿身大汗。」於是我請教專門研究心理學的朋友。

朋友說，其實老人就像動物一樣，你看那些貓貓狗狗，看到自己的主人或者喜歡的人，頭就會靠過去撒嬌。阿伯想要讓妳洗頭，其實也想跟妳撒撒嬌，也想跟妳示好，總之，他想拉近妳與他的距離。

聽完朋友這麼一說，我覺得眞是有趣極了！老人有些話不知如何啓齒，那就用身體來表達。看來，與老人相處，不只要懂得傾聽，還要能「看」懂他們的身

體語言。

語言，不光是用聽的，也可以用看的。有些話沒說，不代表身體就沒有表達。**老人牌的作業系統所使用的語言，其實比電腦的程式語言更精密，更需要用心聆「聽」並且用心「看」！**

特徵五：感官使用頻率改變

電腦的作業系統，會影響內部軟體的使用效能。同樣的，老人牌作業系統，也會影響身體感官的使用方式及頻率。例如，看比賽。不光是年輕人愛看，其實有些老人家也愛看。只不過，他們往往是用不同的感官在看，那就是——耳朵。

我曾照顧過一位退休的體育老師，即使退休了，他的生活還是很體育——那就是看各種體育比賽。每次他看比賽時，也跟年輕人看電影一樣，邊吃邊看。只不過人老了，控制眼皮的能力也變弱了，往往看著看著，就睡著了！等到醒來時，不是比賽結束了，要不已經在轉播別場比賽了。這時我就會對突然醒來的他說：「你不是在『看』比賽，你是在『聽』比賽啦！」

不管是看比賽還是聽比賽，至少他的老後生活，是有活動的，而不光只是看電視而已。老人或許沒辦法參加比賽，也或許沒辦法整場看完，但至少他的老後生活，還有比賽活動可點綴，使生活更有趣味。

有句話說：「老兵不死，只是凋零。」縱使一心想求戰勝，但這種意志力往往因外在的因素而慢慢凋落。同樣的，這位體育「老」老師很想看比賽，但這種意志力很難戰勝身體的退化力。我只能幫他祈禱，願他在睡夢中，可以看見自己年輕時，馳騁球場的身影。

人老了，感官力會逐漸衰退，但還是能藉由各式各樣的活動，激發感官力，讓感官減緩退化的速度。

特徵六：控制不了的器官

不管是甚麼樣的電腦作業系統，只要用久了，很多硬體和軟體，都會出現無法控制它們的狀況。老人牌的作業系統也不例外，最明顯的徵兆，就是「失禁」！小嬰兒穿紙尿褲，理所當然；可是當老人要穿紙尿褲時，可得大費一番功夫，才能讓老人乖乖就範。

我照顧的失智伯母，開始出現失禁的狀況了，光是一天，就要幫她換洗多次的內褲及褲子。我多次建議家屬，要讓伯母開始習慣穿紙尿褲，但家屬不願意，我又只好每天不停的換洗衣褲。

我於是去揣摩家屬們的心態。小嬰兒穿紙尿褲，是正常的生理現象，可是老人穿紙尿褲，象徵著退化，對當事人來說，心理衝擊很大。憤怒、難過、無助等情緒，眞是百感交集。身邊的親人，也得花一番心理建設後，才能接受自己的親人，已經得開始穿紙尿褲。

我曾看到一則紙尿褲的廣告：穿著紙內褲的老婦人，看起來如此的從容自在；身邊的親人，也感到欣慰。如果老人穿紙尿褲，能夠像廣告中的老人，那麼怡然自得，甚至也能像小嬰兒穿紙尿褲般，舒服到對身邊的人微笑，那麼被照顧的人自然感到窩心，照顧者也能開心，這眞是照顧情境下最完美的境界了！

除了失禁是最明顯的狀況之一外，其實隨著老化的腳步，人體的很多器官，就像老舊機器中的零件，一件一件的壞掉，這就是「老化」，也是老年人身體最主要產生的情況。

特徵七：感性多於理性

電腦的作業系統，是絕對理性的，它用邏輯和運算不斷的運作著。老人牌的作業系統，有理性也有感性，但大部分的時候，感性多於理性。

一個人思維最理想的狀態，就是理性與感性保持平衡，不過我們常在理性與感性這兩端拔河，因此我們的思考，不全然是理性或感性。隨著天增歲月人增壽，我們掌握理性與感性的比例，也會逐漸失去平衡。

我曾照顧一位八十多歲的阿伯，他還有一位中度失智的老婆。這位老奶奶超愛吃黃金奇異果，比起綠色的奇異果，黃金奇異果又甜又軟，一下子就可以吃好幾顆。不過隨著氣候越來越熱，黃金奇異果的產量越來越少，這讓阿伯很傷腦筋。

阿伯就像多情的唐明皇，爲了想給楊貴妃最鮮美的荔枝，想盡各種辦法。首先，阿伯找遍了家裡附近的超市及市場，仍然沒有買到黃金奇異果；接著，又坐車去美式大賣場看看是否有得買，仍然撲了空。最後，只好打電話給兒子，請他幫忙想辦法。

從理性思考，大部分的水果是季節性的產物，不可能四季都有。沒有黃金奇異果，也至少有綠色奇異果，甚至其他水果可以替代。但是隨著阿伯年紀漸長，腦子的退化讓理性逐漸消失，因此感性逐漸影響思考。看來，歲月除了讓我們老化之外，也可能讓我們變得更感性。

總之，阿伯的感性，是囡仔性，也是理性與感性拔河之後，最後的結果。

有句話說：「感性即自然的理性。」老人越老，越可以在他們身上，看見返老還童的痕跡。因此**看待老人，不能光從理性的角度去思考，要試著用感性的角度，去同理老人們的思維。**

❓特徵八：有「壞掉」的習慣

一般作業系統用久了都會有其運作習性，老人牌作業系統也是如此。不同的是，老人的習慣，往往隨著身心的老化，跟著壞掉而秀逗起來，例如：味覺，也都會跟著產生變化。

我曾經照顧一位味覺退化的患者，不管吃喝都要加鹽；喝豆漿愛加鹽，連喝牛奶也加鹽。平常三餐吃起來不夠鹹的話，還會加碼再加鹽。有一次看醫生，醫生嚴重警告他，不要吃那麼鹹。我心想，這下被醫生修理了，應該會乖乖的。沒想到，隔天早上喝牛奶仍再加鹽……

剛開始，我眞的無法忍受他病態的嗜鹽成命，但心想已經九十好幾的他，開心最重要！愛加鹽的話，就讓他加吧！我只好從別的地方，設法減少他的食鹽攝取量，好滿足他的嗜鹽癖好。

我想老人或多或少，都有隨著身心退化而產生一些壞掉的習慣，在旁人眼中，有些壞掉的習慣，真是會要人命！像愛抽煙、亂吃藥或保健食品等等。面對老人的壞習慣，過度干涉與責備，讓彼此都不快樂，心中還會留有疙瘩。倒不如睜一隻眼閉一隻眼，他們快活、自己也輕鬆，當然，偶爾帶他們讓醫生教育一下，才不會讓壞習慣太囂張囉！

老人壞掉的習慣，就像樹底下的根，樹根為了適應環境，會發展出不同的根，稱之為「變態根」。老人壞掉的習慣，如同變態根，有時奇怪到令旁人匪夷所思，像是愛囤積廢物及藥品等，但要一下子將這些根深蒂固的壞習慣連根拔除掉，根本難上加難啊！

小孩可塑性高，可以培養他們好的習慣，改善他們的壞習慣。至於老人呢，就像一顆千古不化的石頭，他們那些已經壞掉的習慣，早已深深烙印在他們的生命裡，成為本身的紋路了！

「壞習慣」與「壞掉的習慣」是不同的。「壞習慣」是指不好的行為，「壞掉的習慣」則是因為身心退化而造成的不適宜習慣。老人牌作業系統用久了，原本的習性，也可能因為老化的原因而壞掉了！因此面對他們壞掉的習慣，就試著睜隻眼閉隻眼囉！

特徵九：有脾氣

電腦的作業系統，總是無聲無息且任勞任怨；但老人牌的作業系統，不只有聲有息，還有「脾氣」！不管年紀，無論病狀，或多或少都有「脾氣」。

每個人都有脾氣，只是大小的不同罷了！但老人們的脾氣，似乎就像間歇性的活火山，一直不斷的噴出火氣來，不只身邊的人被噴到，自己也好不到哪裡去。

我曾經照顧一位八十多歲的老奶奶，脾氣超不好的。有次我一進老奶奶的家，老奶奶就沒好氣的說：「妳前幾天買的菜太多了，所以有些菜都爛掉了！」

我心想：「妳怎麼不趕快把菜吃完？而是放任它爛掉呢？」但我不想回應老奶奶，以免火上加油，脾氣又更大。

接著，我就一溜煙溜進廚房，趕緊燒開水，好避免跟她有正面衝突。奶奶一聽到開瓦斯的聲音，就急忙的大聲問我在煮什麼？我回答她說：「燒開水。」

奶奶沒好氣的說：「水瓶裡有裝開水，幹嘛燒開水呢？」我只好摸摸鼻子自認多事。

好不容易捱完四小時後，終於下班了！我打電話給朋友吐苦水，說這獨居的老奶奶脾氣眞大。她則回問我：「今天星期幾？」

「星期日」

「那就對了！妳看今天是星期天，整個大半天，沒有自己的小孩或親人來探望她，連通電話也沒有，當然很憤怒！」

我聽完朋友的話之後，突然同情起這位獨居的老奶奶。

老人的脾氣如同火山所冒出來的火氣，很難有完全滅掉的一天。如果用錯滅火器，那就燒得更旺。身邊的人，得當個有耐心的消防隊員，用愛與包容，才能控制得了火勢（脾氣）。

老人的脾氣，往往隨著退化的程度成正比，越退化脾氣越大，這裡面有許多複雜的身心理因素，這部分將在本書第三章《你的老，其實很「可愛」》中有詳細的說明。

特徵十：有特殊行為

伴隨脾氣而來的，是開始出現難以理解的行為。普通人一生氣，除了憤怒的情緒之外，還可能出現失控的行為。老人的脾氣一旦發作起來，如同充電過熱的手機，非但無法控制自己的行為，也可能引發危險。

人一旦失智，就開始出現一些怪誕荒謬的行為。其實，也不用等到失智，老人在無法控制自己行為下，也可能有「類失智」的行為。

有一次，我照顧的案主看到家裡的冰箱門微微打開，二話不說，直接很用力的將門甩上，並發出巨大的聲響，嚇壞當時家裡的人。我一聽到聲音，深怕他跌倒，於是馬上就從洗手間衝出來看，只看到他正臉紅脖子粗的對著冰箱生氣。

剛開始，我真的被他的舉動嚇到了！但不久之後，我便偷笑起來，因為他的舉動，好像在「打」冰箱這個不太聽話的小孩，動不動就把嘴張開開的。但問題是冰箱不是人，也沒有生命。他「打」冰箱，非但不會覺得痛，還可能讓冰箱裡面的零件壞掉；對著冰箱生氣 就像對牛彈琴。

老人發脾氣時，多少會有這樣荒謬的行為，不足為奇。因此荒謬的行為，不是失智患者的專利，人在無知的狀態下，也有著「類失智」的行為。就像有時自己會對不值得的人事物生氣，甚至難過，還久久不能自己，這也是一種無知的行為。

失智，是一種無法控制的病症。無知，卻是我們自己能控制的。擁有智慧，雖不一定能避免失智，卻一定能避免無知。

老人的奇怪行為，通常老人本身不覺得奇怪，但在旁人看來，真是匪夷所思，甚至覺得荒謬好笑。這就像一台電腦發生秀逗的情況時，有的人還會試著在電腦身上敲敲打打，看看會不會發生奇蹟？老人牌作業系統退化或壞掉時，這種情況將層出不窮。

以上就是老人牌作業系統的主要特徵。這十種特徵，不一定同時出現，也不像集點行動得集滿幾個才算是嚴重，更沒有一定的順序。這些特徵就像是老化旅程中的景點，當我們到了這些景點，不必驚慌失措，也不必惶恐不安。像個遊客去觀賞這些景點的森羅萬象，去品嘗這些景點所帶給我們的酸甜苦辣，當個從容自在的遊客，才不白走人生這一趟旅程。

四、打造信念系統

人體如同電腦，是一種「載具」，只要不超過記憶體的容量，電腦可以下載各式各樣的程式與軟體。同樣的，人體也是如此，只要不超過身體的負荷，不影響身體的運作，就可以下載適合自己的系統與程式。

老人牌作業系統，其實早已在我們出生時，就已經內建在我們的身體內，不是我們可以拆除的。面對這種作業系統，消極的做法，就是延緩老人牌作業系統衰退的速度；積極的作法，就是再加裝「信念系統」來與之抗衡。

信念系統的功效

老人牌作業系統是有形的，它主要在我們的身體運作。信念系統則是無形的，它是在我們精神層面運作著。有句冷氣機的廣告詞說：「無聲勝有聲」。在人體這部機器中，有時也會無形勝有形。

著名的科學家特斯拉曾說過：「要找到宇宙的奧祕，就要以能量頻率振動來思考。」這句話的重點在於，這世間的萬事萬物，都是以某種頻率振動的能量所組成的。**「信念」往往藉由語言或聲音等有能量的物體傳達，藉此來影響自身的頻率。**

正面語言強化信念

曾經有一個著名的實驗，是IKEA對植物進行的一項實驗，想證明美好和不堪的言語會對植物造成甚麼樣的結果。當時IKEA為了想成功地引起大家對「霸凌」這個議題的重視，於是特別在05月04日中東的反霸凌日，在阿聯酋的學校展開了用言語讚美和霸凌植物的實驗。

在這個實驗中，他們邀請許多學童來分別錄製讚美和咒罵兩棵植物的語言。而這兩棵植物同時被放置在相同的地點，灌溉相同分量的水分，接受相同的陽光照射量。接著持續不斷地播放給這兩棵植物聽，想測試看看三十天後，這兩棵植物是否有所不同。

有些同學會讚美植物說：「我喜歡你現在這個樣子」「你現在看起來很好」等諸如此類正面的話語；有些同學則會咒罵植物說：「你醜爆了！」「你看起來很差勁！」等聽起來負面的語言。經過三十天之後，這兩棵植物在外觀有明顯不同：受到讚美的植物生長得很好，而且生機蓬勃；但受到咒罵的植物卻有枯萎的情況，不只葉片下垂像個喪氣的人，而且葉面枯黃像是個病入膏肓的病人。

實驗完後，IKEA 一名發言人表示：「傳播善念能幫助我們所有人成長茁壯。」由此可知，語言的力量多麼驚人，就連單純的植物都能感染到語言的影響力，更何況是萬物之靈的人類！

正面聲音增強信念

聲音是有頻率的，聲音的強弱由聲波的振動幅度來決定，振幅越大表示聲波能量高。而聲波能量經由振動可以影響水流的方向，不同高低的頻率，其水流的方向也跟著不同。

日本 IHM 研究所的江本勝博士（Masaru Emoto）等人在 1994 年時，用高速攝影技術來觀察水的結晶。他們將實驗結果寫成《來自水的訊息》一書，書中說到帶有「善良、感謝、神聖」等的正面訊息，會讓水結晶成美麗的圖形，而「怨恨、痛苦、焦躁」等負面訊息，則會出現離散醜陋的形狀。

這樣的實驗結果，跟之前 IKEA 用正面與負面的話語，跟植物說話的實驗結果一樣。由此可見，無論是文字、聲音、意念等，都有在振動，都帶有增強信念的能量。

提升能量靠修行

如何提升自身的能量呢？心理學家霍金斯博士（David R. Hawkins）指出，所有情緒都是帶有能量的。而他在研究中發現，大多數的人其生命能量尺度很難獲得提升，只有保有一顆「真」——真誠、「善」——良善、「美」——美好的心，才能有效提升一個人的生命能量尺度。

想要提升自身的生命能量尺度，想要讓自己的人生到達真善美的境界，唯有「修行」。**修行，簡單來說，就是藉由各種適宜的方法，來修正自己的言行。**修行的目的，就是讓自己展現出真善美的特質，因此修行也可說是一種生命藝術，一種讓生命臻於完美的方式與態度。

有句話說：「條條大路通羅馬。」要達到人生完滿的境界，也有很多種修行的方法。萬法唯心，一切方法皆以精神為依歸。萬法歸宗，所有方法最後都能達成同樣的目的。信念之於修行，如同一位迷路的人，靠著指南針找到正確的目的地。**這「指南針」如同「信念」，「尋找之路」如同「修行」過程，「真善美」就是「目的地」。**

最完整的信念系統——宗教

「信念」是堅信不疑的想法或主張，當它要構成信念系統，還必須要有「價值觀」及「規則」這兩種要素，才能成為完整的信念系統。對大部分的人來說，除非有明確的哲學觀念和思辨能力，才有辦法打造專屬於自己的信念系統，而想要下載最完整也最安全的信念系統——那就是「宗教」。

就內政部調查（2019）臺灣地區現有主要宗教統計類別計有22種，其中屬世界性宗教者，有佛教、道教、猶太教、天主教、基督教等。台灣內政部宗教輔導科在2005年進行的全面調查顯示，台灣人口中有35%自認是佛教徒，33%自認是道教徒。

不管是甚麼樣的宗教，只要能發揮真善美的精神，對自己的身心有良好的影響，就是適宜的宗教信仰。而我為什麼鼓勵加裝「宗教」這個信念系統，是因為在**看過身邊許多長輩們在臨終前，能在生活中照顧且陪伴的，不是看護就是外勞，親人們則寥寥無幾。但能發揮心靈上陪伴的功效，就只有「信仰」了！**

1. 比 3C 更適合心靈陪伴

現在有些家長們，只要孩子一吵一哭或一鬧，馬上塞平板電腦或智慧型手機，孩子們往往瞬間安靜下來。現在也有些「大孩子」，會買平板或孝親型手機給自己年邁的父母親，看似孝親，但對老人真的有幫助嗎？

我曾照顧一位八十多歲的阿姨，她可說是特立獨行，不想住養老院，也不想跟兒子住，而是選擇獨居。她的孩子們怕她很無聊，於是買平板又買筆電，想讓阿姨有個可打發時間的「玩具」。阿姨剛開始玩覺得很新鮮很有趣，但因爲視力關係，後來就很少再碰了！

貼心的孩子們，又在家裡加裝有線電視，並買了一大堆光碟片給她看。但電視彷彿是視覺型的催眠器，往往看沒多久，就坐在沙發上睡著了！阿姨又開始感到無聊了！老人一無聊，就會開始嫌東嫌西，一會兒覺得家裡老是有怪味；一會兒打電話給親友抱怨東抱怨西，搞到最後別人不敢接她的電話。

後來，在親戚的介紹下，開始接觸宗教，阿姨的生活頓時豐富起來。有活動可參加；有道友們可陪她聊天；有經典可閱讀。想熱鬧時就找道友們一起參加活動；想一個人時就可靜靜的閱讀經典。後來阿姨漸漸的「安靜」許多，不再像以前那麼焦躁不安了！

看來，人老了，除了要有老本、老伴、老友之外，還要爲心靈找個信仰。它可以是可讓心靈靠岸的港灣，也可以是抒發負面情緒的垃圾桶。這遠比平板、筆電、電視來得更健康更有意義！

另外我也發現有虔誠宗教信仰的老人們，他們情緒平和，有樂觀積極的人生觀。也不怕病怕死，或怕東怕西。更不會怨天尤人，抱怨東抱怨西，展現一種安寧祥和的氣場。和這些老人們相處，真的似如沐春風，令人感到舒服且愉悅。

2. 宗教不是萬靈丹

相信大家小時候多少一定遇過下列情形：小時候沒睡好，或者半夜常做惡夢，甚至被嚇醒！家中的老人們就會要爸媽帶我們去廟裡給人收驚，或者拿個符回家貼，甚至還要喝香灰水……諸如此類的宗教療法，是老一輩的信仰，更是他們心中的「萬靈丹」。

我也看過不少有信仰宗教的老人，生活除了拜佛，就是唸經。表面上看起來很虔誠，但好像失去了某種體驗生活的樂趣與動力，所以整個人看起來死氣沉沉、愁容滿面的，感覺上，這些老人們是想藉由宗教來痲痺自己的痛苦，逃避老病死的殘酷。

切記，宗教不是萬靈丹，對外界任何病毒，都有抵抗的能力；也不一定對任何身體的病症和心靈的傷口，都具有療癒的效果。有病看醫生，是健康的真理，是最有智慧的作法。

3. 別當宗教推銷員

在我照顧老人的過程中，也發現不少老人家會有「好康逗相報」的心態，例如：「哪位法師講得很有道理」、「哪間寺廟很靈驗」、「哪位道長很會通靈」等等，總是會很熱心的推薦自己所信仰的宗教。

不管是什麼樣的宗教，它其實就像電腦中的作業系統，在我們的生命中，建立一個可行的作業系統。不同品牌的電腦，就使用不同的作業系統。適合自己或自己愛用的作業系統，不代表就一定適合別人。**因此，可以與別人「分享」自己在宗教上的體悟，而不是像推銷員般推銷自己所信仰的宗教，甚至批評及抨擊其他的宗教。**

如果找到適合自己且熱愛的宗教，是一件可喜可賀的事情，但別把它當作自己唯一的眼鏡，只透過這個鏡片來看待萬事萬物。更別像個盡職的推銷員，一有機會就拚命推銷它。**最好的方式，就是讓自己在一言一行中，散發具有宗教品質的芳香**，香遠溢清，別人自然能認同我們所信仰的宗教。

❓善用信念成功範例

在現代社會中，有不少老人之所以長壽的祕訣，在於他們能善用信念系統，茲舉例如下：

1. 「三逆」傳奇女性—笹本恆子

光看標題，很難想像這是一位平凡老人會有的生命節奏。

笹本恆子她今年105歲，是日本第一位女性攝影記者。52歲時，她對鮮花造型設計產生興趣，學習一年後就出版了專業著作。同一年她也梅開二度再度結婚。71 歲先生過世，她並沒有因此頹喪失志，反而重啟自己的攝影生涯。97 歲她因摔倒而昏迷，醒來之後，醫生都認為她很難再站起來了，但她認為自己還有很多想做的事情，於是積極做復健。

她之所以能活出這麼精彩的人生、這麼傳奇的老後生活，就是因為她有源源不絕的「好奇心」。因為好奇心，所以她的生活永遠有做不完的事情，永遠還有尚未完成的夢想，這就是她信念系統中的核心概念。除此之外，**她也勉勵大家要有自律的精神，要活得有夢想，不要有年齡與性別的框架，這樣才能打造出「逆齡」的外觀、「逆轉勝」的人生成就，以及「逆天」的壽命啊！**

2. 「三力」傳奇男性─林經甫

林經甫，目前 74 歲，職業是位模特兒，所以自稱時尚老人。沒錯！即使一臉皺紋滿佈，但他還是紐約時裝秀上，年齡最高的登台模特兒。

有句話說：「人生七十才開始。」對林經甫來說，人生七十是他「第二人生」

的開始。「第一人生階段」他忙著在物質世界奮鬥打拚；「第二人生階段」他忙著豐富自己的精神世界，並且到處推廣「成功老化」的理念。

他認為要能成功老化，必須依靠「三力」：分別是「體力」、「腦力」、「社會力」。「體力」是要靠運動及健身，來更新自己的身體作業系統。「腦力」是要打造自己的人生信念，用「斷捨離」的精神，來更新自己的信念系統。「社會力」則是要維持社交活力，與外界保持一定的互動程度。發揮這「三力」，才能成功的老化，就能打造成功的老後生活！

3. 當個「三觀」的奇蹟老人

不管是「三逆」還是「三力」，他們都結合了老人牌的作業系統，以及自身獨有的信念系統，創造出來的人生奇蹟，使他們在眾多老人們中，成為名符其實的「奇蹟老人」。他們勤於維持保養身體的作業系統，又勤於加強深化心靈的信念系統。這樣的奇蹟，值得大家觀摩與學習，**讓你我都可成為精神「樂觀」、外**

觀「美觀」，精神「達觀」的「奇蹟老人」，讓我們的老後生活更加可觀！

第二章　你的老，其實很「可惱」

與老字有關的詞語，如「老病」、「老毛病」、「老年性紫斑」、「老年痴呆症」、「老年醫學」、「老死」等，可見「老」與「病」，常常連結在一起，甚至還成爲一種專門醫學。而「老死」則說明老病後生活，死神往往如影隨形。這些詞語都再再說明了我們的老，眞的會有不少的煩惱。

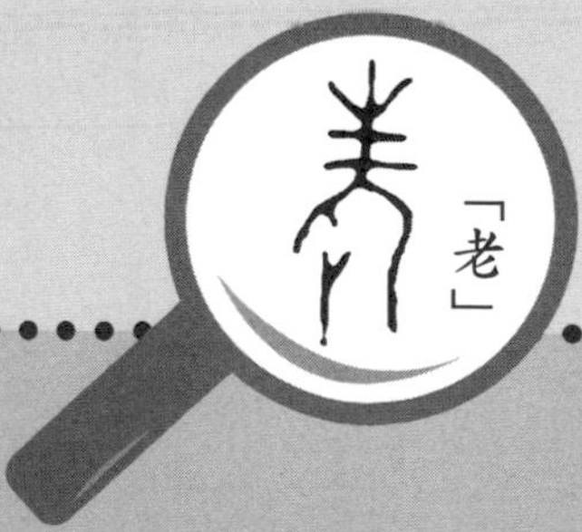
「老」

一、老人病百科全書

「百科全書」顧名思義，就是普遍收集分門別類的知識，並用分別條目的方式，加以簡略介紹的工具書。**老人家的病，如同百科全書，有各種科別且琳瑯滿目**，也可分類編排。其中最大宗的，如一般內科、一般外科、耳鼻喉科、胃腸肝膽科等，這些都是熱門科別。除此之外，還有其他科別，如皮膚科及家醫科等，也是許多人常會就診的科別。

在這些五花八門的科別中，其實需要「關鍵字」，來幫助我們找出最適合自己就診的科別，而這個**「關鍵字」就是疾病的症狀**。舉例來說，「發燒」是一種常見的症狀，但它不是一種病，而是症狀，這時就可以把「發燒」當作「關鍵字」來搜尋科別。可利用衛福部便民服務網站，其中有「就醫科別」建議。

常見疾病症狀	就醫科別建議
無法區分之疾病	一般內科、家庭醫學科
發燒	一般內科、感染科、家庭醫學科、過敏免疫科
疲勞、倦怠	一般內科、家庭醫學科
感冒	一般內科、家庭醫學科、耳鼻喉科、呼吸胸腔科
頭痛、頭暈	一般內科、腦神經內科、家庭醫學科
眩暈（天旋地轉）	耳鼻喉科、腦神經內科、家庭醫學科
高血壓	一般內科、心臟內科、家庭醫學科
貧血	一般內科、家庭醫學科
黃疸	小兒科、一般內科、胃腸肝膽科、家庭醫學科
掉頭髮	皮膚科、過敏免疫科
眼睛乾	眼科、家庭醫學科、過敏免疫科
眼睛疲勞、紅、癢、疼、痛	眼科、家庭醫學科
凸眼	內分泌新陳代謝科、眼科
眼前有小黑影（飛蚊症）	眼科
耳朵痛、耳朵塞住、流鼻血	耳鼻喉科
耳鳴、鼻塞、流鼻血	耳鼻喉科
過敏性鼻炎	過敏免疫科、耳鼻喉科、小兒科

（資料來源：衛生福利部網站）

常見疾病症狀	就醫科別建議
打鼾	耳鼻喉科、腦神經內科、呼吸胸腔科
口腔潰瘍	牙科（口腔外科）、耳鼻喉科、家庭醫學科、過敏免疫科
口臭	牙科、一般外科、胃腸肝膽科、耳鼻喉科
口吃	耳鼻喉科、身心科、復健科
吞嚥困難	腸胃肝膽科、耳鼻喉科、腦神經內科、一般內科、家庭醫學科、復健科
咳嗽	一般內科、呼吸胸腔科、耳鼻喉科、家庭醫學科
喉嚨痛、扁桃腺發炎	一般內科、耳鼻喉科、家庭醫學科
喉嚨異物感	耳鼻喉科、家庭醫學科、腸胃科
頸部腫大（甲狀腺發炎、淋巴腺腫大）	內分泌新陳代謝科、耳鼻喉科、一般外科、家庭醫學科
氣促、喘不過氣	心臟內科、呼吸胸腔科、一般外科、家庭醫學科
胸痛	心臟內科、呼吸胸腔科、一般內科、家庭醫學科
心悸	心臟內科、內分泌新陳代謝科、一般內科、家庭醫學科

心窩灼熱感	一般內科、腸胃肝膽科、家庭醫學科
乳房脹痛	一般外科、婦產科、家庭醫學科
消化不良、胃酸過多	腸胃肝膽科、一般內科、家庭醫學科
嘔吐、吐血	腸胃肝膽科、一般內科、家庭醫學科
肝硬化	家庭醫學科、一般內科、一般外科
肝功能異常	腸胃肝膽科、一般內科、家庭醫學科、一般外科
腹痛	一般內科、腸胃肝膽科、一般外科、婦產科、家庭醫學科
腹脹、腹瀉	一般外科、腸胃肝膽科、家庭醫學科
便祕、便血	一般內科、腸胃肝膽科、大腸直腸外科、家庭醫學科
大便失禁	一般外科、復健科
內、外痔	一般外科
血尿、頻尿、解尿困難	泌尿科、婦產科、腎臟內科、家庭醫學科
尿失禁	泌尿科、婦產科、復健科、腦神經內科
小便混濁或起泡	泌尿科、腎臟內科、家庭醫學科
性病	泌尿科、婦產科、腎臟內科、家庭醫學科
陰道分泌物增加	婦產科
更年期障礙	婦產科、家庭醫學科

常見疾病症狀	就醫科別建議
多（手）汗	腦神經內科、整形外科
狐臭	皮膚科、整形外科、腦神經內科
灰指甲、雞眼	皮膚科、一般外科
皮膚癢	皮膚科、一般內科、家庭醫學科
皮膚疹	皮膚科、一般內科、過敏免疫科
蜂窩性組織炎	皮膚科、一般內科、家庭醫學科、整形外科
手腳酸麻	腦神經內科、家庭醫學科、腦神經外科
腰酸背痛	骨科、復健科、一般內科、家庭醫學科
關節酸痛	骨科、過敏免疫科、家庭醫學科
肩背酸痛	骨科、復健科、腦神經內科、腦神經外科、家庭醫學科
身體表面長硬塊	一般外科、皮膚科、家庭醫學科
肌肉壓痛	骨科、復健科、腦神經內科、家庭醫學科
肌力減退或喪失	腦神經內科、復健科
肌肉抽蓄痙攣	腦神經內科、復健科、腦神經外科
癲癇	腦神經內科、腦神經外科、小兒（腦神經）科
坐骨神經痛	復健科、骨科、腦神經內科、腦神經外科

骨質疏鬆	骨科、內分泌新陳代謝科、婦產科、家庭醫學科
水腫	腎臟內科、心臟內科、家庭醫學科
靜脈曲張	一般內科、整形外科
肥胖	內分泌新陳代謝科、家庭醫學科
體重減輕	一般內科、家庭醫學科
壓力引起身心不適	身心科、家庭醫學科、
失眠（多眠）症	身心科、家庭醫學科
發育不良	小兒科、內分泌新陳代謝科、家庭醫學科
小兒腹瀉、發燒、腹脹、便祕	小兒科

❓病魔藏在症狀中

從《就醫科別建議》圖表中，發燒、感冒、口臭、咳嗽、咳血、吞嚥困難、腹痛是常見的症狀，它所牽涉的科別極多，因此一有以上症狀，千萬不要等閒視之，因為「魔鬼藏在細節」中，而病魔也往往隱藏在這些微不足道的症狀中。

我們常看到以下類似的新聞，如玉山金控科技長陳昇瑋在2020年04月13日，傳出因為腦出血過世，享年僅44歲。根據《聯合報》報導，他是在跟女兒溜直排輪的時候，不小心跌倒撞到頭，結果引發嚴重腦出血而死亡……看到這種新聞，相信很多人都在想：「只是跌倒就這麼嚴重啊！」

其實**病魔藏在症狀中**，跌倒後可能出現下列症狀：如噁心、嘔吐、頭暈、眼歪嘴斜、手腳無力、走路不穩等輕微症狀。此外，也可能嚴重到頭痛到快要爆炸、失去意識等嚴重症狀。一般人發生輕微症狀時，通常都有以下想法：「休息一下或睡個覺應該就好了！」「明天再看看。」或「先吃個成藥應該就好了！」但並不知道這些輕微的症狀，其實就已經在提醒我們該注意自己的身體了。

三金影帝吳朋奉在2020年05月26日，倒臥在自家住宅中，等到家人抵達後才發現。事後，據他的經紀人表示，他在03月時曾對他說自己有時會「喘不過氣」。根據心臟血管內科柯國銓醫師表示：喘不過氣可能與心肌梗塞有關係。急性心肌梗塞的死亡率高達60%，主因則是冠狀動脈被阻塞，心肌細胞無法獲取足夠的營養和氧氣，如果沒有在第一時間緊急處理，很容易危及生命造成猝死。

大部分的人總以為，通常在秋冬季節轉換及溫差大的時候，才容易發生心肌梗塞的症狀。但其實在春夏季節，由於頻繁進出冷氣房，室內室外溫差大，血管急速擴張及收縮，也可能會影響體內的新陳代謝和血液循環；或者高溫流汗，沒有及時補充足夠水分，血液濃度變高，導致血栓的形成，進而引發心肌梗塞。由此可見**「喘不過氣」這個小症狀的背後，其實隱藏高度的危險與風險。**

從以上兩位英年早逝的例子，可以很明顯的感受到病魔藏在症狀中，這種病魔非常得狡猾，總是把自己偽裝成小病小痛，讓患者不以為意，等到患者輕忽了之後，再冷不防地嚴厲折磨患者，甚至直接交到死神手中。

「症狀」與「症候群」

「症狀」是人生病時，所產生的種種異常身心狀態。如：咳嗽、盜汗、午後發燒等是肺結核病的症狀。而「症候群」則是一組同時發生，或經常先後出現的疾病症狀，多由同一病因所引起。如：腸激躁症候群（Irritable Bowel Syndrome）會產生腹瀉、腹脹、腹絞痛、失眠、焦慮、乏力等症狀。

「症狀」與「症候群」的關係，如同點菜時，單點主菜或配菜是「症狀」，而點套餐總和了主菜、配菜及點心等則是「症候群」。前面講到症狀不能等閒視之，如果發現不只一種症狀，而是症候群時，請立即就醫，因為病魔已經開始發動攻勢了！有症狀出現時，或許還可僥倖逃過一劫。可是當症候群出現時，就要認真以對，不能有所懈怠了！

舉例來說，新型冠狀病毒（SARS-CoV-2）引發的武漢肺炎（COVID-19），剛開始大家總認為，這大概跟 2003 年發生的 SARS（嚴重急性呼吸道症候群）很像，最主要的症狀是「發燒」，因此都會在公家機關或重要場地中的出口，規定要量體溫及戴口罩。可是隨著疫情逐漸擴大，發現「發燒」並不是唯一的症狀，甚至還出現無症狀的患者，因此大力宣導保持社交距離，以免傳染及被傳染。可見，**光靠「症狀」來評量病情的嚴重程度並不準確，還需要經由更多的症狀，也就是「症候群」來診斷，才能真正了解病況。**

淺談「老年症候群」

在第一章《你的老，其實很可觀》中，有提到「老人牌作業系統」的特徵，當這些特徵結合起來，就可能逐漸形成所謂的「老年症候群」。

根據衛生福利部國民健康署對老年症候群的定義如下：老年症候群是指老年人身上出現某些難以符合個別疾病診斷的臨床表徵。主要包括步態不穩、無法移動、失禁、認知功能不良，以及上述原因所引起之相關症狀。另外，當多系統的生理老化，加上原本的罹病狀況發生在同一個老年人身上，常造成多系統功能受損，而造成不易處理的生理及心理挑戰。

由此可知，**「老年症候群」是多方面、多重器官，而且遍及生理及心理層面。**而其主要項目如下：失智 (dementia)、譫妄 (delirium)、憂鬱 (depression)、跌倒 (falls)、失禁 (incontinence)、感官缺損 (vision, hearing impairment)、營養狀態不佳 (malnutrition) 及用藥問題，特別是多重用藥 (poly-pharmacy)。

其中「失智」、「譫妄」、「憂鬱」這三者，將在《第三章：你的老，其實很可愛》中有詳細說明。接下來將就「跌倒」、「失禁」、「感官缺損」、「營養狀態不佳」及「用藥問題」，來詳細介紹。

1. 跌倒跌出人命來

在1981年第16屆金鐘獎獲得最具潛力新人獎，後多以演出台語戲劇為主，並以2012年民視的《風水世家》林清風一角，廣為人知的「馬如風」，在2018年07月29日，約早上九時，被友人發現在民宿的浴室中跌倒，且無呼吸心跳，緊急送醫仍宣告不治，享壽63歲。可見，**跌倒，真的會跌出人命來！**

跌倒的危險因子有很多種，最主要的還是跟生理的老化有關。老化之後，開始視力及聽力逐漸退化、平衡感漸漸變差。還有各種疾病，如中風、巴金森氏症等，也常會發生跌倒的情況。另外，多重用藥及服藥順從性差，都可能增加跌倒的機率，以上是「內在因素」。至於外在的居家環境，如地板濕滑、燈光昏暗，也會導致跌倒。

美國前總統川普在2020年06月13日，在西點軍校（West Point）畢業典禮致詞後，走下坡道時步伐緩慢且又不穩，引發大家開始對他的健康狀況感到疑慮。但他本人則解釋，因那條走道非常滑，又沒有扶手，讓他覺得很不好走。從這則新聞，可以看出，**「跌倒」是判斷健康狀況的重要指標**；內在身體的狀況，及外在環境的情形，都可能提高跌倒的機率。

- **年老沒有跌倒的本錢**

雖然跌倒的危險性大家有目共睹，但年紀大了，隨著生病或老化，想法和感受往往跟一般人不太一樣。

我就曾照顧過一位「勇伯」，他的勇敢不是個性上的勇敢，而是行爲很勇敢——即使外面又風又雨，仍想到外面散步。

這陣子颱風超多的，夏末秋初總是風風雨雨的。即使如此，「勇伯」還是很想出去走走，我提醒他，三不五時就下個小雨，而且地面濕滑，很容易跌倒，但「勇伯」仍然「風雨生信心」，硬是要出門。

旁人見狀後跟我說：「妳就體諒他老人家，在家悶久了，想要出去透透氣。」

我則回應：「這我當然知道！在家悶久了會生出病來，但想要維持心理健康前，得保持安全；有安全，才會有健康。」

年輕人有任性的本錢，吹個風，淋個雨，感個冒，跌個倒，很快就康復了！老人家則沒有任性的本錢，一感冒的話，可能很快惡化成肺炎；一跌倒的話，可能嚴重到骨折。年輕就是本錢，年老就是賠錢啊！

從馬如風及川普的例子，讓我們深刻的體驗到：「跌倒」這個小症狀，象徵著健康與否的標準，只要有數次跌倒的情況，那麼身體健康可能亮紅燈了，該進廠維修一番囉！

《預防跌倒便利貼》

★保持走道暢通及乾燥。

★夜間室內有足夠的燈光。

★穿著合適衣物以免被絆倒。

★下床應慢慢起身（服用鎮靜、安眠、降血壓、利尿等藥物者）。

2. 失禁失去自尊

美國歌壇著名的兄妹檔唐尼與瑪莉奧斯蒙（Donny and Marie Osmond），2012 年時在佛羅里達舉辦演唱會，當時 52 歲的瑪莉，被男星 Donny Osmond 現場逗笑時，竟然小便失禁，在舞台上留下一灘尿，讓她十分尷尬。於是想要弄掉地上的尿漬，卻弄巧成拙，奇怪的動作反而引來大家的注意，於是成為一則國際巨星尿失禁的趣聞。對大家來說，這是一則「趣聞」，但對瑪莉來說，可能是

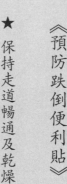

終生難忘的「醜聞」啊！由此可知，尿失禁是一件讓人既尷尬又沒面子的事情！

像瑪莉這種情況，屬於尿失禁中的「急迫性尿失禁」，特點是患者在情緒激動的時候，會失去控尿能力。通常女性盛行率（10% — 30%），遠遠大於男性（1.5% — 5%）。此外不自主的漏尿尿急、頻尿、夜尿或解不乾淨等症狀，都屬於失禁的範疇。

藝人山豬（陳俊甫）以模仿走紅，他人前強顏歡笑——精彩演出博得大眾歡笑，他人後黯然神傷——身體因患有紅斑性狼瘡。隨著病毒擴散到腦部，他不但走路緩慢還容易跌倒，而且會大小便失禁，甚至有失智的可能。失禁的衝擊，除了增加跌倒的危險性，也與神經性疾患有關（如中風、失禁），此外還會影響睡眠品質與情緒。看來**失禁，不只可能會失去自尊，還會失去睡眠與好心情**。

・接納失禁不容易

從以上的瑪莉奧斯蒙與山豬失禁的經歷得知，要接納自己失禁的事實，是多麼不容易的事情。拒絕接受事實的背後，往往有許多恐懼，例如，害怕失去形象、失去青春、失去健康，甚至失去生命。除此之外，要接受自己身邊親人的失禁，也是一件極為困難的事情。

我曾經照顧一位失智奶奶，她罹患失智已經多年了，很多鄰居一聽到他們認識多年的老鄰居—那位在家相夫教子，並打點先生公司財務的好太太，竟然得了失智症，一臉不可置信，並直呼不可能！

再怎麼不敢相信，這位賢慧的老闆娘畢竟失智了，最難接受這個事實的，莫過於她的先生了！隨著失智的情況越來越嚴重，伯母除了逐漸不認識自己的親人外，也慢慢像個小嬰兒般，會尿床及失禁，以及不會照正常時間睡覺等等退化行爲。

即使狀況越來越惡化，她先生還是把她當作正常人。睡覺時間到了，就堅持她要乖乖上床，並且要睡飽睡足，偏偏她常睡到一半，就到處遊走，他依然要她乖乖上床睡覺。甚至，老闆娘失禁了，還是不肯讓她穿尿褲，外勞只好常常換洗內褲。

這些舉動，在我看來，實在是折騰別人，也折磨自己。我在想，即使老闆娘罹患失智已經多年了，但在她先生心中，她還是那位精明能幹治家有方的太太。也許因爲如此，他沒有把老闆娘當作失智患者，還是用他以前對待她的態度來對待她。表面上看起來，用情至深，但實際上，她先生可能到現在都還無法接受老闆娘失智的事實。

家中有失智患者，除了照顧是龐大的負擔之外，最煎熬的，其實是要接受自己最熟悉的親人，逐漸成為誰也不認得的親人，這才是照顧失智患者最艱難的功課。

當我們是嬰兒的時候，失禁是理所當然。可是當我們是小孩，已經不用穿尿褲，卻還失禁尿在床上時，就會被大人責罵，甚至遭到別人的訕笑。當我們老了病了，要接受自己的失禁，卻有時比登天還難。以及還要接受至親失禁，更是難上加難。

因此我們要對「失禁」有正確的認知之外，要有包容體諒的心態，才能克服「失禁」這個艱難考驗。

《預防失禁便利貼》

★ 無需刻意常排尿。
★ 切勿長期便祕和憋尿。
★ 切勿過度肥胖或過度節食。
★ 切勿使用腹壓過度增加的運動或動作（如提重物）。
★ 少喝利尿或刺激性的飲料（如咖啡、茶等）。

3. 感官缺損成遺憾

媽祖身邊有兩位大將，分別是「順風耳」與「千里眼」。「順風耳」能耳聽八面，「千里眼」能眼觀八方。媽祖身邊有了眼無界的「千里眼」以及聽之遠的「順風耳」，才能成功的降妖伏魔，保佑民間百姓。

同樣的，「身體」之於「媽祖」，「眼睛」如同「千里眼」，「耳朵」如同「順風耳」，其重要性不言而喻。在老年症候群感官缺損中，在臨床上最常出現，也最常被討論的，就是聽覺與視覺的缺損。

(1) 聽覺喪失最嚴重

帽子歌后鳳飛飛，她的《掌聲響起》、《我是一片雲》及《流水年華》等歌曲紅遍華人世界。但很少人知道，她的右耳在 24 歲時就已經失聰，如同音樂天才貝多芬，藉由堅強的意志力，才能在歌壇上有此成就。從媒體報導得知，鳳飛飛可能因為在年少時，跟哥哥比賽誰在水中憋氣最久，所以才造成耳朵進水，耳膜長期發炎。後來則由於耳朵長瘜肉，醫生替她動手術時，卻不小心傷到中樞神經，而導致失聰。

相信大部分的讀者，一定很難想像，看似正常健康的鳳飛飛，卻有感官缺損。如果她的聽力正常的話，又不知可以唱出多少優美的歌曲。

在所有感官缺損中，**喪失聽覺通常被認為最具破壞性，這會導致患者在家庭及社交圈中退縮。**

而聽覺退化通常是漸進性的，到四十歲之後會加速退化，直到個體的適應而減緩。根據研究：有一半的正常老年人，都有聽覺障礙，如老年性重聽、神經性耳聾、耳鳴及平衡障礙等。男性比女性嚴重，很可能由於長時間暴露於噪音環境所造成。

(2) 視覺喪失最不便

以一首《你是我的眼》，唱出盲人心聲，而吸引大眾注意的蕭煌奇。他一出生就失明，直到04歲那年動手術而變成弱視，到15歲那年，因長期打電動而造成後天青光眼視神經萎縮，再度失明。他說：「別人睜開眼看到的是全世界，我只看得到整片的白，就算睡著了，眼前還是一片白。」這段話表達了盲人最沉重也最蒼白的心聲。

視覺是人類接觸外界訊息最主要的感官。據研究顯示：通常在四十至五十歲時，視覺在分辨清晰度上會漸漸的退化，直到七十至八十歲時，這些退化才會出現明顯的症狀，如老花眼、白內障、青光眼等。這些症狀，往往使老人們不想外出、人際互動減少之外，有些老人還會有視覺上的錯覺，進而引發多疑、易怒的情緒。

(3) 電視是老人催眠曲

家中有老人的，常會有一個景象—就是電視播他們的，家裡的老人睡他自己的。不是這些老人前天沒睡飽，也不是電視節目不好看，有時可能是因為感官缺損的關係，讓他們只能看著畫面晃來晃去，聽著電視裡面的聲音。看著聽著，也不清楚到底在播些甚麼，就漸漸進入夢鄉……

當我們是嬰兒時，爸媽們總在睡前放搖籃曲或唸故事，來幫助我們入眠。同樣的，老人也是如此，只不過他們的催眠曲，很特別也很普通，那就是—電視。

我曾照顧一位阿伯，他很愛看電視，就稱他爲「電視伯」吧！電視伯白天看電視，沒過幾分鐘，就開始進入昏迷狀態。到了下午，想睡個午覺，但因爲身體癢翻來覆去總是睡不好，所以只好又打開電視。結果看沒多久，又陷入昏迷狀態……

電視，大概是最適合老人的催眠曲吧！只要把他們放在電視機面前，不管坐在什麼樣的椅子上，無論是什麼類型的節目，他們的眼球隨著螢幕中人物的晃動，晃著晃著，就慢慢產生催眠的效果。

看來老人睡不著，不需要安眠藥，不需要搖籃曲，不需要有人在旁邊陪他，只要一打開電視，不管任何節目，都有著催眠的魔力，讓老人們漸漸進入夢鄉。電視，眞是老人們最美妙的催眠曲了！

任何一種感官的改變都會影響我們對周遭訊息的理解與處理的能力。當感官漸漸退化，本身的存在感與價值感也會漸漸喪失，將導致我們活動力及表達力的衰退，甚至可能與社會脫節，使自己活在幻想或者過去的世界裡。因此及早實施預防性照護，以維持感官功能，是養生的重要課題。

《預防感官退化便利貼》

★ 練習轉動眼球、適度刺激視覺。（視覺）
★ 品嚐美食享受食物。（嗅覺和味覺）
★ 多活動手指、步行走動。（觸覺）
★ 維持充足睡眠並補充營養（維他命B群及C等抗氧化劑）。（聽覺）

4. 營養不良非少數

有一則新聞標題如下：「護理院長者死於營養不良。」詳細內容為82歲的布柯賴利（Pietro Bruccoleri），上月(2020/5)在旺市的木橋遠景（Woodbridge Vista）長期護理院死亡，該護理院有23名住客因感染新型冠狀病毒而死亡。而他的死因由裁判官確認，在報告中指出布柯賴利的死因為「營養不良」，即缺乏營養，並非死於疫症。

這樣的死因，在醫學發達及物質豐富的現今社會是很難想像的！以往我們認

為營養不良，只會發生在那些孤苦無依的老人身上。其實**營養不良與貧窮無關，而是與身心理有關**。它不僅跟隨著身體老化，自身的生活環境和心理因素也會造成營養不良。

(1) 營養不良的原因

① 身體因素

前面提到感官退化的情況，當我們的嗅覺味覺退化，就算美食當前，也會興趣缺缺沒有胃口；當我們視覺退化，也無法欣賞五顏六色的美食。此外牙齒脫落或假牙不合口時，連吃飯都是一種酷刑；再加上肌力和體力的衰退，運動量跟著減少，就較沒有補充食物能量的動機。

② 環境因素

有時候環境變化，也會影響食慾。像是住在安養院或住院的老人，通常胃口不佳。一來不適應院內的飲食，二來不習慣院內的環境，都可能會影響他們的營養情況。而獨居者，由於只有一個人，通常都隨意打理飲食，有時只吃碗泡麵或吃個麵包，或者常當「老外」——老是在外面用餐，即可打發一餐。以上這些情況都可能會影響營養攝取的情況。

③ 心理因素

有些人已經習慣有人陪他吃飯，因此當自己身邊親人過世而沒有人陪他吃飯時，通常也會影響吃飯的動機和胃口。另外像有憂鬱或失智症狀時，往往也不會積極進食。以上情況若沒有改善的話，長期下來，就可能造成營養不良。

(2) 學會真正的吃飯

營養與吃飯息息相關，沒有好好的吃飯，身體也無法好好吸收營養。一天三餐，每天如此。但有哪一餐是自己真正在享受食物的美味呢？我照顧許多的老人中，大部分的老人，可能由於某些身心因素，所以很少看到他們把吃飯當作一件

「樂事」，**其實吃飯不只是「樂事」，更是幫助自己攝取完整營養，保持身體健康的「美事」。**

我曾照顧一位把吃飯當作例行公事的「公事伯」。有次陪他在醫院做營養諮詢時，營養師問他：「有沒有覺得吃飯是一件很快樂的事？」

「沒有，吃飯像例行公事。」公事伯說完後，在剎那間，我終於了解為什麼他吃飯時，喜歡一邊吃一邊看電視了！

因爲他把吃飯當作例行公事，所以只好一邊吃飯一邊看電視，就像我在外面用餐時，也是看到很多人，一邊吃飯一邊滑手機，有的乾脆把手機放在桌面上，一邊吃飯一邊追劇。我也不例外，吃東西時，總會看看手機或是電腦之類的。眼睛看的是螢幕，嘴巴吃的是食物，如此「分離式」的吃法，如何能享受色香味俱全的美食呢？餐點吃完了，食物雖然進到了身體，但腦海中只剩下剛剛眼睛所接收的畫面，食物的美味早就煙消雲散了……

聽完「公事伯」這麼說之後，我慢慢地改變自己吃飯的方式，謝絕看任何手機及電腦的螢幕，只放點優美的音樂，來與美食共舞。好讓這些食物，開開心心的進入我的身體。讓「美味」在我的鼻子裡綻放；讓「美樂」在我的耳朵繚繞著；讓「美食」在我的腦海中縈繞著。這樣對我來說，才是眞正的吃飯，吃得到色香味俱全的美食，也留得住美食的回憶，這才是滋養身心靈的食物饗宴。

健康是財富，擁有健康才是真正的財富；而健康就從營養做起。當我們身體有狀況時，通常也代表營養攝取也出現問題了！所以**健康是吃出來的，疾病也是吃出來的！營養，真的很重要！**

《預防營養不良便利貼》

★ 採用天然的辛香料來提味（如：蒜薑蔥等）。

★ 改變菜餚的顏色（如：紅色、黃色能促進食慾）。

★ 改變烹調的方式（如：紅燒改清蒸）。

★ 適時改變用餐環境（如：有時去郊外野餐）。

5. 用藥首重安全

根據新聞報導，有位73歲林姓奶奶，由於長期腰痠背痛而到處就醫，並同時服用多種止痛藥，其中光消炎止痛藥就高達四種，以致於她胃腸出血而掛急診。事後經醫師動手術，藥師整理其用藥，並開立較無副作用的一種止痛藥，之後再回診，這位奶奶身體疼痛情形已大幅改善。從這則新聞，我們可以得知用藥安全是相當重要的一件事。**吃藥不是吃得多就會好，還要吃得安全，才能真正發揮藥效。**

根據台大竹東分院院長詹鼎正等人的研究指出：台灣失能老年人多重用藥者高達81%，而嚴重多重用藥（開立十種以上處方藥）高達38.1%。造成這種情況最主要的因素，就是這些老人的「失能」。在前面第一章《你的老，其實很可觀》中，提到老化最主要的心理指標「三怕」：「怕老」、「怕病」及「怕死」。因為害怕，所以對於藥物，總會有「多多益善」的錯誤認知。

但又有些人對「藥」唯恐避之不及，認為「藥」是「毒」，吃多了不好，而不願就醫，要不就醫領藥後，不按時按量服藥；或者認為如同感冒不吃藥也會好，因此只要靠身體的自癒力就能痊癒。甚者迷信直銷或保健產品，不需要依靠藥，身體也會好轉。以上這些情況，也是用藥的錯誤認知。

「水可載舟，亦可覆舟。」同樣的道理，**藥可載舟也可覆舟**。在「載」與「覆」之間的拿捏，可請教如醫師及藥師等相關專業人員，讓專業來守護我們的用藥安全。

• 藥物不等於特效藥

十個老人，大約六個以上都有便祕的問題，大多是因為身體老化的關係，胃腸蠕動的效果較差，再加上少走少動，所以「便祕」是老人們很常見的現象。但是有些老人個性很急躁，急於見到療效，再加上沒有用藥的正確認知，所以乾脆自己來，「手動」解便祕。

我就曾照顧一位樂於「手動」的阿媽，姑且稱她爲「手動阿媽」。她由於曾跌倒受傷過，因此行動並不方便，常有便祕的情況。光是爲了能順利排便，吃了很多通便整腸的藥，喝了很多水，還是沒見效。情急之下，只好用最原始的方法，請外勞放甘油球，或者直接幫她挖出來。就這樣，七手八腳之後，終於通了！

很多老人，也會像「手動阿媽」一樣，有著麻煩的「廁事」—失禁或便祕，如同三餐「飯事」，再普通不過了。中年人的「房事」難以啓齒，老年人的「事」，光是在馬桶上努力掙扎也沒用，所以用最原始的方法來解決，快又有效，簡直比通樂還厲害！

有句話說：「藥為治病之器，可以除疾，亦可殺人。若知之不詳，用之不的，小錯則貽誤治療，大謬則關係性命。」這句話一針見血地點出藥的重要性與價值，更點出安全用藥的正確觀念。總之，安全的用藥，身體才平安。

《安全用藥便利貼》

★ 找固定的醫療院所及醫師追蹤治療。
★ 主動告知醫師自己的病情與用藥情況。
★ 確認服藥時間與方式，並按時按量服藥。
★ 調整藥物應與醫師討論。

在這些引發「老年症候群」的因素當中，有些因素可以預防及調整，但有些因素就無法預防及調整。舉例來說，年齡與性別都是無法預防及調整的，而藥物不良反應，或不安全的環境則是可以預防及調整的。

而某些「老年症候群」有共同的危險因素，例如：認知功能障礙、行動障礙、感官功能障礙、憂鬱症、多重用藥等，皆為跌倒、尿失禁與譫妄症的共同危險因素。若能在這些共同危險因素中，只改善其中較關鍵的少數幾個，便在功能上有明顯的改善。而對於自己是否有老年症候群，可以主動申請篩檢，並及早控制，這將大幅減少接連不斷的併發症。

二、老人就醫尋奇

在第一章《你的老，其實很可觀》中，提到老化最主要的心理指標「三怕」：「怕老」、「怕病」及「怕死」。這老病死都與就醫有關係，因此就醫成為老後生活中，避免不了的活動。

讀者們不妨回想看看，自己兒時看病的情況，一進小兒科診所，壁面貼滿了許多可愛的卡通圖案。就診時，醫師叔叔或護士阿姨，總是會不斷的哄小孩或稱讚，有乖乖配合醫生的指令打針、做檢查及服藥等，還有貼紙或小禮物可拿。可見小孩們看病，大人們是多麼的慎重其事啊！

有句話說：「老人囝仔性。」要老人聽話，乖乖就醫，並遵照醫囑，有時比要小孩乖乖打針或看牙醫還難。所以在我照顧老人的經驗中，帶老人就醫，可以說是極具挑戰性的工作內容；而這些老人就醫時的奇聞軼事，堪稱成一部《老人就醫尋奇》！

奇狀一：害怕就醫

小孩怕看醫生，老人亦是如此。小孩要哄要騙，老人有時也得要哄要騙。小孩不就範，還可威脅恐嚇，老人不就範，只能跟他打持久戰；小孩耍賴叫可愛，老人可是耍賴成精啊！

我曾照顧一位看病像似小孩子的爺爺，因此我幫他取了一個綽號叫做「老小孩」。他八十多歲了，之前沒有什麼大病，頂多皮膚癢或者咳嗽時看醫生而已。但隨著血壓越來越高，做的檢查越來越多，他對於上醫院這件事，越來越排斥。

每當要做檢查時，早上就會賴床，還得我三催四請，加上把棉被硬拉下來，沒棉被可蓋時，才心不甘情不願的起床。除此之外，還有「起床氣」，責備我為什麼要叫醒他，然後再催促他趕快去醫院。總之，去醫院前得花一番功夫，才能順利出門。

起先，我總覺得「老小孩」有點老番顛（台語），再加上返老還童等因素，他就像個不想去學校上學而在鬧脾氣的小學生。後來，從阿伯每次做完檢查或看完醫生後，那沉默的言語及沉重的表情看來，我體悟到：他不是鬧脾氣，而是害怕自己身體越來越衰老，狀況越來越多。如果不用去就醫的話，他就不用去面對這麼殘酷的現實。

在面對生老病死這件事上，「老小孩」就像個無助的小學生，不知如何面對這麼嚴峻的人生考試。不只他，我們也是。

心病需要心藥醫，同樣的，就醫恐懼症也需要心藥醫。這個「心藥」就是「智慧」。知名的物理學家霍金說：「別老是俯視腳步，為你所見的尋找意義。」我想面對生老病死，別感到恐懼，**試著為自己的生命找出意義，那麼我們或許將不再感到恐懼。**

奇狀二：沒事愛就醫

與「害怕就醫」相反的，是「沒事愛就醫」。一有點風吹草動或身體微恙，就急忙去醫院報到。表面上，是醫師眼中的「模範生」，但實際上，則可能是「強迫症患者」。這類老人通常都有焦慮的情緒，需要靠頻繁的就醫，才能減緩內心的焦慮。

人老了，皮膚自然就會開始有狀況，很容易乾燥脫皮，所以三不五時就會覺得癢。到了季節交替的時期，更是動不動就發癢。我就曾照顧過癢很大的阿伯，我都叫他「癢（楊）伯伯」。每當身上一癢，或者有長斑、發炎之類的，他就會趕緊去看醫生了，然後拿一大堆藥膏回來，東擦西抹的，抹得很認眞。

有次回診，皮膚科醫生仔細看完皮膚後，很嚴肅的跟阿伯說：「我覺得你的皮膚炎，一直好不了的原因，就是擦藥擦得太認眞！」

「癢伯伯」聽完一臉無辜樣，好似學生被老師責備，明明自己很認眞寫作業，卻被老師嫌不夠好，眞是心都要碎了！

當「癢伯伯」喉嚨有點卡卡，或者痰一多的時候，他又迫不及待地去耳鼻喉科抽痰，兩三天就跑一次，我猜阿伯應該是這間診所最忠實的病患。不只如此，他常常把耳鼻喉科醫生的話掛在嘴邊，如：「鄭醫師說我應該……」之類的，好像小學生放學後，常跟爸媽說：「老師說……」

我從「癢伯伯」就醫的行爲來看，老人有時也像個小學生，把醫生當作老師，把醫生開的藥，當作自己的家庭作業；把醫生的醫囑，當作老師的教誨。「癢伯伯」是位模範生，所以到現在身體還算健康。看來，老人們如果能像「癢伯伯」一樣，當個醫生眼中的好學生，必能松柏長青長命百歲！

當醫師眼中的「模範生」是一件好事，可是維持身體健康的方式，不能只靠就醫，還需要從運動、營養及心理層面，多方面同時進行，才會有健康的身心。這樣才是醫師眼中的模範生，也是老人們學習的典範。

奇狀三：是病患，也是學生

以前當小學生時，要放學前，老師都會在黑板上交待回家功課。老了當病人時，要離開醫院前，醫生、護理師及藥師，也會交代許多功課。這些功課，雖然苦口婆心，但往往聽者無心啊！

我曾經固定陪一位退休的董事長就醫 姑且稱他爲「董爺」。董爺看完醫生，也有許多功課，而且不同科的醫生，交代的功課也不一樣。神經內科的醫生交代他慢慢走以免跌倒；心臟內科的醫生交代他要按時量血壓；耳鼻喉科的醫生交代他要多喝水。我則像小祕書般，比阿伯還認眞聽醫生的囑託，並予以筆記下來。

以前當學生時，老師都會叮囑我們，要眼到手到心到。這一點，我在醫生面前完全做到，問題我不是學生，董爺才是學生。回到家後，他還是依然故我，心一急時快快走，口渴時才喝水，血壓記得時才量……醫生的醫囑，大部分都留在醫院了。

學生沒寫作業的話，嚴厲的老師會予以處罰，可是老人沒乖乖的聽醫生的話，醫生非但不能處罰，也不能對老人們過於疾言厲色，免得傷了老人的自尊心，即使如使，還是得不厭其煩的重複叮嚀啊！

學生的功課，非做不可；至於董爺的功課，就只好等他嚇怕了，或者學乖了，才會按時做功課。這是董爺的耍賴習性，也是老人們就醫常見的情況。

老病死，是老後生活必修的生命學分；就醫，是當老人們必做的功課，當個稱職的病患，如同當一位稱職的學生，學分修滿修好，才能順利從這所生命學校畢業。

奇狀四：就醫當社交活動

人一旦老化後，身體將開始出現各種狀況，甚至各種慢性病都逐漸出來。這時，就醫將像三餐便飯，如同例行公事。回診時間或領慢性病處方簽的時間一到，就得去醫院報到。常去醫院後，對醫院的環境瞭如指掌，跑醫院像是在跑自家似的，熟悉且親切。看到同一時間看診的老面孔，還會跟這些病友們話家常。就醫時還可社交，成為獨特的聯誼活動。

我曾經認識一位雖然不良於行，但卻風趣幽默，而且人緣超好的老奶奶，我私底下都稱她爲「開心果奶奶」。每次要帶她就醫時，她都非常的開心，因爲她又可以見到那群老病友們。

出發前她都大包小包的，於是我很好奇問她：「奶奶您爲什麼要帶這麼多東西去醫院啊？」

「這包黑豆是要給黃太太的，她上次給我一包試用包，我想禮尚往來。而這包茶葉，是要給李爺爺的，因爲他上次介紹的醫生很厲害，把我的皮膚病都看好了！另外這件衣服是要給李奶奶的，她一個人獨居好可憐……」

聽完後，我倒是覺得這位「開心果奶奶」，比較像是「聖誕老奶奶」，常常跟別人玩交換禮物的遊戲。

一到醫院看診的診間外，老病友們一看到她，就急忙地招呼她，還特地幫她留個位置。看得出來她的人緣眞的很好，這位聖誕奶奶忙著跟病友們聊天話家常，而我得隨時注意診間的叫號，深怕錯過奶奶的號碼，而耽誤就醫時間。輪到奶奶了，我催促她趕快進診間，在我的再三催促下，她才依依不捨地進入診間……

在這位聖誕奶奶的眼中，就醫非但不麻煩、不可怕，反而是她展現社交力的舞台。她看的是醫生，也去看她的老病友們。她帶回一堆藥，也帶回滿滿的友誼。她的就醫之旅，也是她的友誼之旅，而這些老病友，就是她的最佳旅伴。

從這位「聖誕老奶奶」的就醫情況來看，雖然與眾不同，但也轉化了就醫心境，讓就醫不再是一件苦差事。在老病死的生命情境下，也能苦中作樂，這種轉化心境的生命藝術，也值得我們作為借鏡。

奇狀五：就醫是另類休閒活動

一般人，總會在休息時，逛逛百貨公司，或者去便利商店購買東西，老年人也不例外，也有他們「另類」的休閒活動。

在我從事照顧老人的工作時，有些地方是我常陪老人去的地方，像是醫院及藥局等。大型醫院有各式各樣的科別，如同百貨公司有不同的部門，每當連續假期過後，湧來大批的看診人潮，絕不輸給百貨公司週年慶的人潮。

看病，少不了吃藥，因此藥局也是老人們常去的地方。藥局有著琳琅滿目的藥品與保健食品，如同便利商店，三不五時逛一下，藥局如同自家附近的便利超商，藥師也像老鄰居般，親切熟悉。

人老了，少不了腰酸背痛，因此復健診所也是老人們常去的地方。在復健診所中，阿公阿嬤是主要病患，時間久了，復健診所如同「老人俱樂部」般，成爲老人們聯誼的場所。

老人們的休閒活動，或許不像年輕人般多采多姿，但是，也能在醫院、藥局及診所中，體會到另類的「物外之趣」，讓老後生活，別有一番興味。

以上這些老人就醫尋奇，這個「奇」是「奇人」、「奇事」，更是「奇觀」。這些千奇百怪，或許讓讀者們嘖嘖稱奇，可是當我們老了，或許也會成為別人眼中的「怪咖」。因此不妨把這些就醫尋奇，當作一面人生的「哈哈鏡」，幽默別人，也幽默自己，這樣才能活出自己的傳奇人生。

三、當個「可愛」老人

讀者們看到這裡，也許覺得老後生活，真的很可惱。但即使如此，我們可以試著轉化「可惱」為「可愛」—好好愛自己，好好愛生活。那麼老後的自己，將會很可愛，那麼如何「裝可愛」呢？

日本名作家曾野綾子，以銀髮族的身分及自身的人生體悟，來提醒老年人，將來不要成為自己看了也討厭、別人看了更討厭的老人，因此主張當個「可愛老人」。

生理方面——多動

在生理方面，她強調要多動，而這個「動」有「主動」——自主行動，還有「自動」——自己動手，這兩方面的意涵。她的主張如下：

(1) 生而為人，身體任何部份的肌肉都要使用。

(2) 鄙視勞動的人，思考模式也隨著僵化，這是令人感到遺憾的一件事。

(3) 防止肉體與精神下墜的方法之一，是千萬別從生活的第一線上退休；並非意指別辭職，說的是日常生活的行為，不要假他人之手。

有些食品或產品強調純手工，純手工的，讓人感受到製作者的用心與細心。如果生活方式也能純手工的話，那麼更具獨特的生活風味。

筆者樓上有位鄰居阿姨，她七十多歲了，爲了避免自己將來也會失智，所以她很用心地安排自己的生活，努力地跟上年輕人的腳步。除了參與各種社交活動，也熱衷玩各種社群軟體，總之，她有顆不老之心。

即使如此，她還有積極的自律精神，來訓練自己多用腦。如果要算錢，她絕對不用電子計算機，自己動筆算；如果要記事情，絕對不依賴電腦或手機的記事本，而是自己寫在記事本上；如果忘記事情，她不會馬上去翻記事本，而是努力的靠自己的腦力回想起來。

在我看來，現代人算術交給電子計算機，記事交給電腦或手機，回憶憶靠照片或社群媒體，這就像機器的SOP，交給各自的生產線去運作。至於這位阿姨則是算術自己算，記事自己手記，回憶靠自己的腦力運作，都是用純手工的方式，來延緩自己老化的速度。

其實，沒有醫學臨床實驗證明，機器生產或手工製作的方式，與失智是否有關，但是，阿姨這種純手工的生活方式，也有值得我們借鏡之處，或許，透過這種純手工的生活方式，更能發現自己無限的潛能。

從以上得知，要活就要動，多動就能多活，越活就越活潑，越活潑也就越可愛。

心理方面——放下

在心理方面，她強調放下，放下一切，才能自在明快的活著。這種「放下」有兩種意涵：一是「接納」——接納自己和別人的不完美；二是「臣服」——悅納生命的一切。唯有如此，才能真正做到放下。她的主張如下：

(1) 不管內心感受如何，明朗快活地活，是每個人都做得到的藝術。

(2) 無論內心甘苦如何，都賦有在剩餘時間裡開朗度日的使命。理由很簡單，第一，別讓周圍的人不愉快；第二，以身作則，向生者證明死亡和疾病並非終極的不幸。

(3) 懂得自我反省，經常思考所經歷之事的意義，是勇氣具足的行為，這是屬於高齡層次、意識死亡近身者的特權。

我們常勸別人要「放下」，說起來簡單，但做起來卻不一定是那麼簡單。

筆者朋友以前是在業務界叱吒風雲的女王，後來因爲健康的緣故，不得不退出曾讓自己燦爛耀眼的舞台。最近再見到她時，我則好奇的問她在哪裡高就？她則說她在「端盤子」。我滿臉狐疑的看著她，她再次很清楚的告訴我她在哪裡端盤子。

她接著跟我說：「我知道端盤子跟我以前的工作比起來，是較低等的。剛開始很不習慣，等我進入情況後，我才發現自己竟然能放下心態與身段。」她侃侃而談的態度，展現出我從未看見的自信。

而我也從她的自信，體悟到放下，除了能讓自己及別人好過之外，更重要的是，那是一種打從心底及歲月所淬鍊出來的自信。因爲自信，所以能放下別人的眼光；因爲自信，所以能放下對自己的畫地自限。

我們常說：「休息，是為了走更長遠的路。」這能讓我們的生活之路走得更長更久。而「放下，則是為了走更寬廣的路。」這能讓我們的生命之途走得更寬廣、更豐富！

ⓘ在關係方面——用心

在關係方面，她強調多用心。這「用心」有兩方面的意涵——「盡心」對待人，「小心」處理人。多點心思，少點心機；多點心力，少點心煩。這樣的用心，才能讓自己心平氣和，心滿意足。她的主張如下：

(1) 天下沒有白吃的午餐這等好事。

(2) 給身邊的人少許通融，是件好事。

(3) 任意借用別人的幫助，是不禮貌的。

(4) 晚年的義務，即是不要強迫別人記得他。

(5) 不對他人懷抱期待，卻仍盡心盡力對待他人。

大家是否曾想過，一天大概聽到幾次「謝謝」？我們聽得出也數得出謝謝的「次數」，但不一定能感受到謝謝的「溫度」！

有一次我陪一位獨居的阿媽去榮總，好不容易換了兩班公車才到醫院。到了醫院後爲了防疫，還得在門口排隊檢查健保卡及量額溫，再塡健康告知書後，才順利進入醫院打針。等打針完畢後，已經接近中午了，還得做全身骨骼檢查，確認打針的效果，因此必須枯等到下午……

阿媽得知要等那麼久，一直咕噥的跟我說抱歉，耽誤到我的時間。她不只口頭上說抱歉，她還堅持要請我吃午餐。但我跟她說，我其實早上已經刻意吃飽一點，所以一點也不餓。沒過多久，她又開口說請我喝飲料，我也很誠懇地跟她說，我自己有帶水，她的好意我心領了，不用再花錢請客了！

阿媽是位低收入戶，又一人獨居，穿得破破舊舊的，看得出來她過得很窘迫。

即使如此，她想用她身上僅有的錢，去表達她對我陪她去醫院的感謝。我突然感受到阿媽的感謝，是那麼的珍貴，像珍珠般散發著人性的光輝。阿媽的感謝，是那麼有溫度的，像冬陽般暖和我的心房。即使我已經將她安全送到家後，內心還是暖呼呼的。

我們一天當中，可能說了不少謝謝，但大多出自於禮貌與友善，這屬於「常溫」。但如果像獨居阿媽那種珍貴又溫馨的感謝，則是屬於「高溫」了。這種高溫雖不常見，但足以高到烙印在我的腦海中，永誌難忘的「恆溫」！

這位獨居的阿媽，讓我深刻地感受到她的用心；因為用心，陪她就醫的我，也更加用心陪伴她。所以「用心」不只能讓關係增溫，更能保溫彼此的心。由此可見，「用心」可讓自己成為值得愛與被愛的人，而這樣的人就是可愛的人。

「多動」、「放下」、「用心」，這三樣如同三角鐵中的支點，缺一不可，而這個三角鐵可以稱之為「愛的三角鐵」，在我們的老後生活中，用「愛」來愛自己愛別人，讓自己成為人見人愛的「可愛老人」，再怎麼惱人的病魔，也只能乖乖降伏，因此，大家一起來「裝可愛」吧！

第三章　你的老，其實很「可愛」

在前面的章節裡，我們提到對可惱的「老年症候群」，我們可以用「裝可愛」的心態，來轉化自己的心情。但其實也不用刻意的「裝」，因爲當我們老了之後，我們的思考和行爲模式，時常在別人眼中看起來就會很可愛，偶爾甚至有點小可惡！

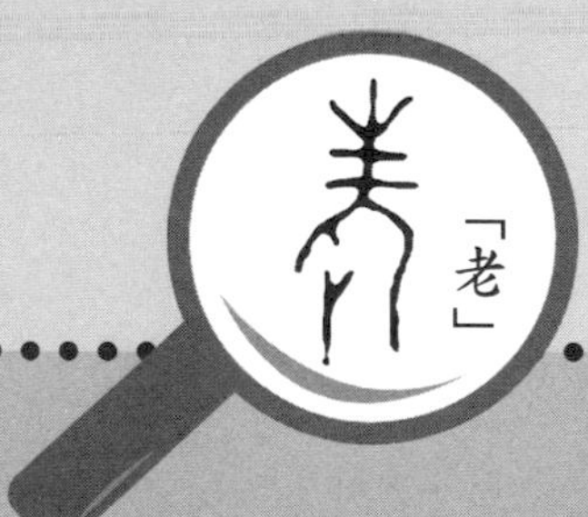
「老」

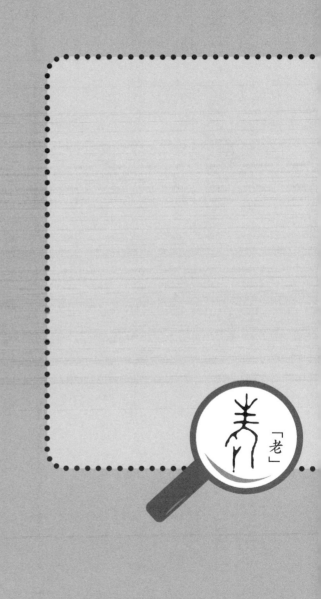

一、老人的異想模式

在多年從事照顧老人的經驗中，我發現，人老了，其思考模式也與常人不太一樣，我稱它為「異想模式」。「異想模式」的特徵如下：

特徵一：既可愛又可惡

當我們在用電腦的作業系統時，覺得它好用，就認為它好可愛；當它短路且無法正常運作時，又會覺得它很可惡。老人有時也會如此！有時會看到他們可愛的一面，但有時又會覺得他們很可惡，真是天使與魔鬼的老化身啊！

一講到老人，大概會聯想到白髮蒼蒼或齒牙動搖的形象。但其實他們有時會很跳 tone，展現可愛又可惡的形象。

我曾照顧一位有高血壓的外省婆婆，她很注重自己的身體，每天必量血壓，又愛吃各式各樣的保健食品。身體一有點不舒服，就會迫不及待去看醫生。我都私底下幫她取個綽號爲「血壓婆」。

有次血壓可能因爲強烈冷氣團的關係，突然飆升到140左右。早上量一次，下午再量一次，都在140左右。奶奶心急如焚，趕緊叫兒子帶她去看醫生。兒子跟她說：「妳不要沒事就去看醫生，只要久一點沒看醫生，妳就開始渾身不舒服。」好在之後血壓穩定許多，否則奶奶可能又吵著要去看醫生。

人老了，總是那裡酸這裡痛，奶奶也不例外。上星期見到她時，明明只有肩膀貼貼布，這星期見到她時，手掌也多貼了一塊貼布；沒過多久，腰也貼了貼布。就這樣，身體貼貼補補的。我見狀後，又忍不住跟她的兒子說：「媽媽身體貼了一堆貼布，要不然就抹一些奇奇怪怪的推拿油，您要不要帶媽媽去看復健科？」

兒子說：「她總是這樣自以爲是醫生，相信用自己的方式是對的，我也拿她沒辦法。」

奶奶在兒子的眼中，是一位有許多壞習慣的「不良老人」。但在我眼中，我卻覺得奶奶既可愛又可惡。可愛的是：總天眞的認爲自己的方法是對的；可惡的是，常把別人的苦口婆心當作馬耳東風。

老人的可愛，往往使人哭笑不得；老人的可惡，也往往讓人爲之氣結。**與老人們相處，就多用放大鏡來看待他們的可愛。**

其實每位老人心理都有魔鬼和天使，只是比例不同，用的地方也不同。有句話說：「魔鬼藏在細節中。」老人牌作業系統的良窳，也在細節中。多跟老人們相處，就能知道這個系統的奧妙與有趣之處。

特徵二：非常不服老

一般的作業系統，經由不斷且「自動」的程式更新，幾乎都是處於最新的狀態。但老人牌作業系統得「手動」更新，而有些老人往往因為「不服老」，沒有乖乖更新，導致作業系統的效能逐漸退化，「思想模式」也逐漸退化成「異想模式」。

我曾經照顧一位九十多歲的阿伯，是名符其實的老人，但是他並不服老，就稱他為「不服伯」吧！首先，他有夜尿的問題，半夜大概每兩小時就得起來上廁所，每次起床就搖搖晃晃的，搞得外勞很緊張，深怕他會跌倒。於是建議他穿尿褲，但無論怎麼苦口婆心勸他，他就是不穿。老人都得當心跌倒，阿伯也不例外，但阿伯認為自己還能行走，不需要別人特意攙扶，更不需要穿尿褲。

阿伯這種行為看似倔強，但實際上就是不服老。不服老，表面看似突破年齡限制，勇於挑戰自我，但實際上，老人的心裡，還有著青春期的叛逆——只要我喜歡，有什麼不可以。阿伯這種不服老的行為，就像在走鋼索，讓身邊的人都替他捏把冷汗。

服老，除了順服自己逐漸衰老的身體之外，更重要的是——悅納自己。用從容自在的心態，來接受自己的老化，而不是與它衝撞、抵抗，甚至假裝看不見，這樣的不服老，徒然折磨自己和別人。能從容且優雅的服老，才能擁有自在且舒服的老後生活。

「服老」，倒過來是「老服」，這告訴我們**「服老」之後，老後才舒服**。這是文字遊戲，也是老後生活的遊戲規則；遵守遊戲規則，才能玩得盡興啊！

特徵三：有自己的祕密

每個人都有自己的祕密，老人也不例外。老人的秘密多半與錢有關，那就是錢。藏錢，不是歐巴桑的專屬行為，老人家也很熱衷藏東藏西。這種行為一來顯現他們內心的不安全感，二來他們實在沒事做，所以藏東西成為他們特殊行為之一，也是生活樂趣的來源之一。

負利率時代來臨，沒錢的人，本來就沒錢，所以不必擔心錢要放在哪裡；但有錢的人，爲了錢放在哪裡而傷透腦筋。

而我照顧的阿伯，平常就在關心美金的走向，有時看匯率不錯，就會慢慢走到銀行買個美金，順便跟行員哈拉一下，感覺阿伯很重視錢，所以我都叫他「錢伯」。

有次「錢伯」看新聞報導，看到台幣不斷升值，於是他趕緊去銀行把美金提出來「保值」。提出來之後，於是就在想要把美金放在哪裡才妥當？我見狀之後，趕快打電話通知他兒子，請他幫阿伯記住放錢的地方。他的兒子知道後，就在電話那一頭劈頭大罵：「呆子才會把美金提出來！我也懶得幫他記，如果他搞丟了，就當作繳學費吧！看他以後敢不敢亂藏錢。」

有次「錢伯」跟我聊天，說到他今天早上忘了吃藥及量血糖等事情，於是我好奇的問他，還記得美金放在哪裡？結果阿伯竟然回答：「在銀行。」看來，他連藏美金這件事情都忘記了！

因此家中若有這種愛藏錢的老人，勤勞一點的，就當他們的小祕書，幫他們記起來；懶一點的，就讓他們繳學費給「忘性」這位老師，讓他們得到教訓。

老人愛藏東藏西，在年輕人看來，雖然既愚蠢又好笑，但對他們自己來說，這是他們生活中的樂趣，也是他們勇於向自己忘性挑戰的傻勁。

特徵四：停不了的躁動

台北市柯文哲市長有「亞斯柏格症」，因此自諷「過動兒」。其實有些老人也有類似的情況，我把它當作一種「躁動」。「過動」是過動兒們的專屬行為，「躁動」則是老人們常見的行為；而「碎碎唸」就是「躁動」的明顯行為之一。

在這季節轉換的日子，有些老人們的身心，也開始出現狀況，「碎碎唸」就是其中之一。

有位我照顧的爺爺，就有這種症狀，很愛碎碎唸，搞得我無所適從，所以我偷偷給他取個綽號，叫他「碎唸伯」。「碎唸伯」常跟我抱怨，飯煮得不夠軟、菜買得不夠好看、水喝起來味道怪怪的……諸如此類的蒜皮雞毛小事，都可以讓老人家不厭其煩的碎碎唸，搞得我都快要精神衰弱！

後來我吃自己煮的飯，檢視自己買的菜，喝自己煮的開水，一切都很正常，不了解爲什麼「碎唸伯」如此的焦躁不安呢？後來，學中醫的朋友提醒我，可能是「秋燥」。經過一夏的酷熱，體內蓄積不少熱氣，秋天天氣乾涼，人體易有虛火上身，所以形成「秋燥」。

「碎唸伯」的碎碎唸，顯示他的內心頗爲躁動，平常甚少與人互動，而最常與他互動的，莫過於我了，所以我就成爲「碎唸伯」秋燥的受害者了！看來「秋燥」傷「碎唸伯」的肺，也傷我的心啊！

《醜奴兒·辛棄疾》中說；「而今識盡愁滋味，欲說還休，欲說還休。」「碎唸伯」正値耄耋之年，照理說，已經嚐盡人間愁滋味，可以盡情傾訴心中的愁緒，但奇怪的是，卻反而不知如何說出口了，只好跟我碎碎唸。希望「碎唸伯」的秋燥逐漸停歇，然後才能怡悅的說「天涼好個秋！」。

小孩的過動可以經由藥物控制，但老人的躁動，往往夾雜許多因素，包含內部與外界、心理及生理的因素，處理起來極為複雜。因此在老後生活中，除了注重養生之餘，也要頤神養氣保養精神、培養元氣，才能讓自己有個悠然自適的老後生活。

特徵五：就是要任性

有的小孩很任性，動不動就愛哭鬧，相信不少人在公共場所中，都看過小孩在哭鬧，身邊的大人怎麼哄都沒用的狀況。老人囡仔性，不只會哭鬧，還會任性的亂發脾氣耍彆扭，其難搞的程度，跟進入青春期的叛逆小子有得拚。

雖然我因為工作的關係，常接觸老人，但不一定了解老人，但我卻從一隻老狗身上，突然理解老人。

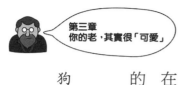

有天晚上吃完飯在家樓下騎樓散步時，看到一位婦人牽著一隻狗，無論她怎麼往前拉她的狗，那隻狗站在原地，一點也不想往前走動。我看到之後，就忍不住上前了解情況。

我問婦人：「牠是不是身體不舒服啊？」婦人笑著說：「才不呢！牠年紀大了，是條老狗，而且是條任性的狗。」講完後，她還指著她的狗說：「妳看，我剛說牠壞話，牠現在就不高興了！」聽完後，我有種豁然開朗的感覺，原來，老狗跟老人差不多。

人老了，往往越老越任性，想要怎麼做，就怎麼做，絲毫不顧及別人的感受。就像有次我從藥局拿處方籤回來，藥丸的顏色與醫院拿回來的不同，但成分相同，「錢伯」就不管三七二十一，氣沖沖地跑去藥局跟藥師理論，藥師很火大，直接退單，「錢伯」就此成爲「黑名單」。

我於是在想，「錢伯」怎麼從一位溫和慈祥的長者，變成常火冒三丈的火爆老人呢？我從那隻老狗身上，突然理解阿伯爲何變成這樣，他們應是在想：「因爲我老了！我好可憐啊！全世界的人就該了解我、讓我，甚至心疼我，爲什麼還要讓我受委曲甚至生氣呢？」

老人與老狗，本風馬牛不相及。但是，同樣是老，東西用久了，會舊掉會壞掉，然後不聽使喚。人活久了，會老化會衰退，然後不受控制。這就是老，不必大驚小怪，睜隻眼閉隻眼，習慣就好了！

有句話說：「只要我喜歡，有甚麼不可以？」這句話讓年輕人聽起來很熱血，所以可以盡情任性，但老人一旦耍起任性來，有時也會讓身邊的人跟著雞飛狗跳起來。所以當我們老了想要耍任性，可得拿捏好分寸，才能讓自己和身邊的人平安無事。

特徵六：天真的異想天開

有些發明家如愛迪生或萊特兄弟等，在他們發明尚未成功前，他們的想法在大部分人的眼中是異想天開癡人說夢。老人們的異想模式，也常常異想天開，其荒誕有趣的程度，往往讓人哭笑不得。

老人或多或少都有便祕的情況，我所照顧的「失智爺爺」也不例外。失智爺爺失智的情況並不嚴重，算是輕微失智。即使如此，他的某些舉動，在我看來眞是異想天開。

有一次，失智爺爺便祕了！於是他開始啓動「手動模式」——用手挖大便，挖出來之後，還很得意洋洋的跟我分享他的成功經驗。聽完之後，我都快昏倒了！因爲這是既危險又不衛生的行爲，但是他卻似乎樂此不疲。

我很難想像這樣的行爲到底有多痛快，那似乎是一種在荒涼世界探索新大陸的奇特快感啊！「失智爺爺」的行爲雖然看起來很荒謬、滑稽甚至噁心，但我卻覺得「失智爺爺」很天眞，讓人哭笑不得，這就是老人的異想天開啊！

老人們的異想天開，雖然沒有辦法成為偉大的發明，但卻在老後生活中，形成歡樂的小漣漪，不斷的往身邊的人擴散著……

特徵七：超堅持的固執

只要一提到老人，常常會聯想到那堅持己見，不肯變通的一面，因此有「老頑固」或是「老頑童」等的稱號。他們的固執並非擇善固執，而是不管三七二十一都很堅持，真不知他們哪來的毅力與勇敢？

每個人的心中，都會有自己固執的地方，成爲內心的冰山一角。那個冰山一角是否會隨著歲月而逐漸消融？還是隨著歲月更加執著呢？

有位鄰居跟我抱怨，他的老公越老越固執，很多家裡的事，一定要照他的意思去做，大至孩子的工作乃至婚姻大事，小至連一個電視遙控器要放哪裡，都得照她家老爺的意思去做。大事由老公做主，她沒意見；小事還是得聽老公的意思，她就感到不舒服。

我聽完鄰居的抱怨後，心有戚戚焉。於是跟她說：「我照顧的阿伯也是如此。小到連衣服的摺法或喝水的水溫，也是斤斤計較。」於是我和鄰居得出一個結論：有的老人在歲月的洗禮下，越活越圓融豁達；但有的老人卻越活越執著頑固，固執到別人都覺得他們活得很辛苦，身邊的人也感到很痛苦。

我於是在想，等自己老時，又會是什麼樣的情況呢？是要當一個很有己見且令人又敬又畏的老人？還是當一個開朗豁達且如沐春風的老人呢？我們無法控制當我們老時的大環境，但我們可以選擇成爲什麼樣的老人，一切操之在己。

看來「固執」真是老人的異想模式中的主要特徵。老人會越來越固執的原因，

除了與腦部的退化有關之外，也與他們的心理狀況有關係。而老人的固執往往隨著老化，而越來越固著，因此老頑童可說是比比皆是。

特徵八：無極限的控制慾

老人的固執程度，通常是為了想要控制更多的東西，所以他們的固執性格，往往顯現在控制行為中。其實控制的背後是恐懼，恐懼自己的身體已不聽使喚，恐懼身邊的環境離自己的期望越來越遠，所以只能用不斷的控制，讓自己的小世界照自己的意志運行。

我曾經照顧一位董事長級的阿伯，通常我都稱他爲「董伯」。「董伯」退休前，是公司的董事長，每天日理萬機；他退休後，則成爲家裡的董事長，每天也日理萬機。只不過，退休前，他管一間公司；退休後，他專門「管理」他那失智的老婆。

吃早餐時，他會規定阿嬤吃地瓜一定要把皮剝掉；吃飯時，碗一定要拿起來吃。阿嬤看電視時，一看到她翹二郎腿，便會糾正她；天冷時，一定會規定她要穿多少件衣服。「董伯」就像是阿嬤的「生活教練」，每個細節都有他鉅細靡遺的規定。

我常觀察「董伯」如何「管理」他的老婆，有時在想，會不會「董伯」也失智了？還是他真的太閒了？後來我發現，不只是「董伯」愛管東管西，我身邊朋友的老人家們，也是如此的「雞婆」。所以我體會到，人老了，很多東西都控制不了，最明顯的，就是控制不了自己身體衰老的速度，既然控制不了自己，就只好控制別人。

老人是不是控制狂，答案因人而異。不過，每個人都有控制慾。控制自己是自律，控制別人卻往往不由自主。而進入老後生活中的我們，雖然不至於一定要嚴以律己，但要試著寬以待人，老後生活才能擁有和諧的人際關係，以及圓融練達的智慧。

特徵九：超積極的購物

有些老人很節儉，但是花錢時的豪爽程度，不亞於有經濟能力的正常人。再加上老人牌的作業系統特徵之一，就是「感性」多於「理性」，再加上失智等因素，所以往往憑感受購物，而非理智的消費，所以買起東西來也絕不手軟。

每到單身節或光棍節，少不了購物網站的促銷活動，讓人感覺單身經濟眞夯。其實，不少老人瘋狂購物的程度，絕對不亞於單身的人。

朋友有次在家裡接到電話，對方說他是某某電台的主持人，她的媽媽有跟他訂購醋，問她何時方便配送？朋友心想，媽媽不是才剛買醋，怎麼又訂購醋了呢？於是問她那八十多歲的媽媽，爲何還要再買醋？可愛的媽媽說：「我忘了啊！」

我所照顧的奶奶也是如此，常常亂買一些有的沒的東西，買回來之後，還會眉飛色舞地跟我分享她今天的戰果，而且還會喜孜孜地跟我分享她的殺價戰績。有時我聽她講那些殺價的過程，簡直比購物專家還厲害，因此我都叫她「購物一姊」。

但「購物一姊」很奇怪，辛苦買回來的東西，通常原封不動的擺著，家裡活像個小百貨公司。我很好奇的問阿伯社區的宅配人員，是不是常看到她的包裹？宅配人員笑笑地跟我說：「妳放心，妳家的『購物一姊』不是社區的第一名，還有其他老人比她更愛買！」

「購物狂」，不只是「愛買東西的人」，更是「亂買東西的人」。所以老人的購物狂指數，絕對超過那些只想犒賞自己的單身者。單身購物夯，老人購物更是瘋狂啊！

在我看來，單身購物是為了寵愛自己，老人購物則是為了娛樂自己。一來打發時間，二來還可與外界保持互動，再來增加不少生活樂趣；更重要的是，證明自己還能做主，而不是任人擺佈。

特徵十：無限量的囤物

在路上常看見有些阿公阿婆，賣力的推著推車，推車上面擺滿了各式各樣的雜物，這是大家所熟悉的畫面之一。有些老人家一打開家門，赫然出現堆積如山的雜物，有的還堆到床上，睡覺時只好睡沙發。這些怵目驚心的景象，也是老人異想世界的傑作之一。

愛買是女人的天性之外，到了老年還會發展出第二天性，那就是「囤物」。我曾照顧過一位惜物如金的阿婆，剛好她的名字當中就有「惜金」兩字，就稱她爲「惜金婆」吧！

首先，她家裡的冰箱裡有許多古董，像是朋友送的珍貴藥材，即使過了使用期限，她仍然不捨丟棄。再來她的書桌上，堆的不是文件或文具，而是各式各樣的零食，我笑著跟她說：「這不是書桌，而是供桌。再擺幾支香，就可以拜拜了！」

囤積這些東西不打緊，最麻煩的是——囤藥。有些藥是從醫院拿回來的；有些則是自己亂買的，就這樣常常替他自己的私房藥局「進貨」。「惜金婆」的藥局琳瑯滿目，吃的、抹的、貼的、洗的，應有盡有，可是有些藥是要遵照醫囑按時服用的，但她依然按照自己的習慣服藥，把醫囑當耳邊風。

有次醫生千交代萬交代，拿回去後要馬上服用，一個月後再回診看服藥後的反應。「惜金婆」依然故我，我東催西催快要一星期後，她才勉強服藥。看來，「惜金婆」眞的很熱衷囤藥。

「惜金婆」的女兒跟我抱怨說，家裡就是因爲囤積太多東西，才會窩藏許多「小強」們。大白天的，就可以看到小強們大搖大擺地穿梭自如，眞是太囂張了！其實，老人愛囤，女人也愛囤，只不過所囤積的東西不一樣。

「惜金婆」不是惜字如金，而是惜金、惜物、惜藥，珍惜到最後，變成「囤物控」，放任這些物品過期，甚至破損，這樣反而失去了珍惜萬物的意義，成爲名符其實的暴殄天物。

老人愛囤藥品，女人愛囤保養品；老人囤的藥足以開個小藥店，女人囤的保養品足以開個迷你的藥妝店。看來囤物之趣樂無窮，不足外人道也！

特徵十一：說不出的寂寞

其實，不只單身的人會寂寞，有婚姻有關係的人也會寂寞。老人，有時也會很寂寞，只不過，老人的寂寞很含蓄。

老人家通常愛看電視，電視壞掉的話，簡直要他們的命！

我照顧的阿伯也是如此。「電視伯」喜歡看電視，尤其是新聞節目。每次一去他家，就看他在看新聞。我跟「電視伯」說，新聞有什麼好看？尤其是新聞台的新聞，早上播的新聞跟下午播的新聞，內容都差不多，只有播報的主播不同。

即使如此，他還是看得津津有味。

有一次，陪他吃飯時，看他眼睛還盯著螢幕看，眼前的飯菜，卻一動也不動。後來我忍不住站在他眼前，把電視螢幕遮住，他才似乎回神過來開始用餐。這一幕，讓我忽然知道，爲什麼「電視伯」愛看新聞了？

因爲電視新聞中，都會有主播在播報新聞。有時很專心的看新聞，看久了，就會覺得主播正對著自己報新聞。「電視伯」的子女都沒與他同住，而他也很少跟外面的人互動，成爲名符其實的「宅老人」，能跟他說話的，能聽到別人說話的，能看到外面世界的，就只剩下電視新聞了！

原來「電視伯」眞的好寂寞，寂寞到只剩下電視陪他、主播跟他說話了。他的寂寞眞的很含蓄，含蓄到讓我感到難過。希望我的陪伴與照顧，能稍稍化解他那說不出的寂寞。

老後的生活，不只要有老本、老伴、老友，還要有與寂寞相處的能力，這樣的老後生活，才是在精神與物質世界都是富足的。

特徵十二：轉不完的無聊

有句話說：「生活最沉重的負擔不是工作，而是無聊。」一般人無聊時，有許多可供他們打發時間的休閒娛樂活動，但老年人無聊時，既不會玩3C，有的甚至行動不便或臥床的，他們的無聊，就像個深不見日的無底洞，難以測量啊！

有線電視到底需要幾個頻道，才算夠呢？其實，看自己有多無聊就知道了！

有次「電視伯」在看電視，看到廣告他就轉台，一轉再轉，轉到頻道200時，才發現有線電視竟然有200台頻道，阿伯無奈的說：「從01轉到200，還找不到自己想看的……」

我於是在想：「自己家裡的有線電視，到底有幾個頻道？」因爲平常看來看去，就是那幾個固定的頻道；也根本沒時間去看這些頻道到底再播什麼樣的節目？

「電視伯」因爲無聊沒事做，所以電視一轉再轉，還是解決不了他的無聊，等到全部轉完後，自己反而感到更無聊了。就像借酒澆愁的人，愁更愁……看來「電視伯」的無聊，只有他手中的遙控器最清楚。

老人的無聊，絕不是看到飽的有線電視所能夠消除的了，還是要妥善的規劃並經營自己的老後生活，才能讓無聊無機可趁。

特徵十三：超萌的囡仔性

有句話說：「老人囡仔性（台語）」。意思是說，老人雖老，但有時還是有小孩的個性。但我有時從老人身上，看到他們不只有「孩子性」，更有「孩子氣」！

有些老人家很關心政治，除了看電視上政治評論性節目，開口閉口也是政治經。我就照顧過一位很熱衷政治的奶奶，除了有鮮明的政治立場外，也會親自參加各種重要的政治活動，我有時還鼓勵她出來選里長，來實現自己的政治理想，因此我都叫她「里長阿嬤」。

有次國內辦九合一大選，「里長阿嬤」在投票前，原本都已經決定好了要投給誰，但沒想到人算不如天算，還是出現狀況。在縣市長方面，她原本要投2號，但準備要圈票時，不知怎麼的，竟然蓋到1號。「里長阿嬤」一心急，就在1號上面畫叉叉，改圈2號。我聽完之後，整個人快昏倒。我跟她說：「妳這張票變成廢票了啦！還好後來2號當選，要不然妳會嘔死。但妳投1號也不錯啊，反正後來他輸對手十幾萬票，多妳一張票也沒用啊！」

我從這件事看到「里長阿嬤」的孩子性，投錯人就算了，還在上面畫叉叉，接著再蓋自己原定的人選，這眞是小孩子才會有的可愛舉動。在我看來，這張選票像是「里長阿嬤」的「考卷」，寫錯答案時，身邊沒有橡皮擦或立可白，只好畫叉叉，再補上正確的答案，這眞似小孩子在寫考卷。

其實，無論「里長阿嬤」最後投給誰，不管這張選票有效或無效，她總算很努力地完成這張「考卷（選票）」，算是大功告成，也參與了歷史性的一刻。雖然不知道八十多歲的「里長阿嬤」，還能投幾次票，但至少選舉能帶給她特別又有趣的回憶，讓她的生活跟著活潑豐富起來！

老人在身體上雖然無法返老還童、由衰老回到青春。但那超萌的囡仔性，讓他們散發一股天真浪漫的孩子味，讓人覺得可親可愛。所以當我們成為老人後，不只可以要任性，還可以耍萌，讓老後生活增添浪漫的童趣。

特徵十四：耍賴與撒嬌

「耍賴」是賴皮不認帳或者蠻橫不講理，「撒嬌」則是仗著別人的寵愛而隨意展現行為。大人們總把小孩的「耍賴」當「天真」，「撒嬌」當「可愛」。但老人一旦耍賴起來則覺得無理，撒嬌起來則覺得有點煩人。

在我照顧的老人中，有些老人囡仔性，超會耍賴與撒嬌，讓我覺得自己彷彿是一位照顧小孩的保姆。有位奶奶非常會耍賴與撒嬌，讓我哭笑不得，我總是開玩笑地稱她爲「老寶貝」。

「老寶貝」的日常休閒活動，就是常去大賣場去購物。但隨著天氣濕冷，怕冷的她不想出門，於是我就用網路購物刷信用卡的方式，買她想吃的東西。東西送來後，她非常開心，但我請她付錢時，她卻找各種藉口耍賴起來了！

在我看來，這樣的行爲，好似小孩跌倒後，在地上賴著不起來，要大人過去扶他起來似的。「老寶貝」覺得她自己在撒嬌，希望藉此得到我的寵愛，但我卻覺得她在耍賴，一點也不可愛。想要得到別人寵愛，卻讓人覺得一點也不可愛；想要像孩子般撒嬌，卻變無賴般的耍賴。

「老寶貝」正處在輕微失智和輕度失智之間的灰色地帶，她的情緒和性格也逐漸變化而不自覺。因此我也只能轉變自己的心態，把她的耍賴，當作失智「老寶貝」的撒嬌。

人隨著年紀大了，情緒和性格也可能會跟著改變，失智時更明顯。這樣的轉變，其實是令人感到無奈的。但也只能在這樣的改變歷程中，轉化負面的情緒並留下美好的回憶。

當老人的思想、認知及意識，逐漸失去理性的控制後，潛意識中的幻想及妄想，就逐漸形成了自身的異想世界。這樣的異想世界，與愛麗絲的夢遊仙境截然不同。

愛麗絲的夢遊仙境，是有趣、奇幻，且色彩瑰麗的。而老人們的異想世界，往往是恐懼、不安等負面思想多過正面的，甚至帶著黯淡沉重的色彩。在故事中，愛麗絲醒來後，才知是夢一場；但老人們卻可能無法從異想世界走出來。老人們的異想世界，是他們的真實世界，要用同理與耐心，才能讓老人們的異想世界，增加正面的能量，並添上希望的色彩。

而等我們老了之後，也可能逐漸進入老人的異想世界，我們可能身在其中而不自覺，或者在半夢半醒之間掙扎著，只能靠著自身的「信念系統」（見第一章《你的老，其實很「可觀」》中第四節〈打造信念系統〉），來面對自己的異想模式。這樣的「異想」，將不只「天天開啟」，而且「天天開心」。

二、老人牌壓力鍋

有些家庭主婦會用「壓力鍋」來烹調料理，「壓力鍋」又名（快鍋、高壓鍋、壓力煲），它是利用「液體在較高氣壓下，沸點會隨之提升」的物理原理來運作，以減少燉煮食物的時間，達到省時與節能的功能。

雖然壓力鍋便捷快速，但它也有缺點，例如，不正確的操作方式，鍋具氣密不完全的話，則有可能會產生爆炸。另外，也有人認為，使用壓力鍋烹調出來的料理，「火侯」及「鍋氣」不到位，因此風味不如傳統慢燉的做法。

其實當我們年老時，我們的心理狀態也像「壓力鍋」。「壓力鍋」的運作原理是「液體在較高氣壓下，沸點會隨之提升」，人的身體百分七十以上是水，當水在較高氣壓下，這個「較高氣壓」相對於人體來說，其實就是「負能量」，「沸點」則是「負面情緒」，如果沒有妥善處理的話，就可能爆發成心理上的症候群。如「失智（dementia）」、「譫妄（delirium）」及「憂鬱（depression）」等。

失智是種「老年流行病」

藝人包偉銘曾在電視節目上，說到自己有次開車回家後，才突然想起自己早已搬家，於是又再次開車準備回家，但又忘記自己新家位置，這種忘東忘西的情況，令他開始懷疑自己究竟是老了？還是有失智症？

台灣失智症協會依據國家發展委員會，在107年08月30日公告的「中華民國人口推計（2018年至2065年）」之全國總人口成長中推計資料，再加上失智症「五歲盛行率」推估，到了民國120年失智人口逾46萬人，屆時每一百位台灣人有二位失智者；預估到了民國154年失智人口逾89萬人，每一百位台灣人有五位失智者；在未來的46年中，台灣失智人口數以平均每天增加近36人，每四十分鐘增加一位失智者的速度成長著，由此可見，**失智的流行速度之快，成為一種普遍的「老年流行病」**。

「失智症」，它不是單一項疾病，而是一種症候群。它的症狀不單是只有記憶力的減退，還會逐漸影響到其他認知功能，如語言能力、計算力、判斷力、抽象思考能力、注意力及空間感等功能退化。它也可能同時出現干擾行為，讓患者個性改變、產生妄想或幻覺等症狀，這些症狀足以嚴重影響其人際關係、工作與自理能力。

通常「失智症」與「老化」看起來很類似，但還是有區別。精神科醫師張維紘表示：兩者之間有一個最大的差別：**老化健忘有辦法彌補，而失智症患者則無法**。例如當我們突然忘記某件事，但事後會想起來；或者做記憶測試時，可能不會完全記住測試中的物品，這是「老化」；但是當我們對於自己說過的話、做過的事，完全忘記，或者無法記住、記憶測試中的物品，甚至忘記自己做過測試的話，那麼這就是「失智」。以上只是粗略式的說明老化和失智的不同，還是要經由嚴謹的「AD-8 極早期失智症篩檢量表」（詳情請上《台灣失智症協會》的官方網站）來了解真實的情況。

接下來，一起來看看，你是不是也有這些「老年流行病」症狀呢！

1. 失智點唱簿——失智有跡可循

失智雖是不可逆的老年流行病，但它有跡可循。台中市林新醫院神經內科主任宋兆家表示，只要我們對失智症有高度認知，就不容易忽略失智早期的病兆。而其早期病兆如下：

(1) 忘了你忘了我——記憶力漸漸喪失

巨星王傑有首耳熟能詳的歌曲《忘了你忘了我》，當中有句歌詞：「忘了你，忘了我。」失智剛開始是健忘，接著忘了你，最後也忘了我。失智歷程就是一趟忘記之旅。

(2) 意興闌珊——對活動和喜好的興趣降低

《白居易．詠懷》中說：「白髮滿頭歸得也，詩情酒興漸闌珊。」意思是說人到了暮年，落魄的回到家鄉，對於詩情和喝酒都已經逐漸感到無趣了。這段詩句，很傳神的表達出當人對平常的喜好，不再感到有趣時的情境，而這樣的情境也很有可能是失智的前兆。

(3) 也許——解決問題的判斷能力變差

著名民歌手劉蘭溪有首歌叫做《也許》，其中有段內容：「也許你曾懷疑，也許你難滿意，你懷疑我說的話，不滿意我的表達。」當我們處理事情要下決定時，開始猶疑不定，或者對別人懷疑東懷疑西的，判斷力開始逐漸下滑……這時候很可能有失智的徵兆。

(4) 不必再問我——別人說您一直重複說同一件事或相同問題

因「雪花飄飄，北風蕭蕭」這句歌詞，紅遍全世界的費玉清，有首名歌《此情永不留》，其中歌詞提到：「不要再問我，不要再問我。」當失智初期，往往會不斷重複跟別人說同一件事情或問相同問題，讓身邊的人不禁困擾到想要大聲說：「不要再問了！」

(5) 剪不斷，理還亂——使用工具設備和小器具有困難

《李煜·相見歡》詞：「剪不斷，理還亂，是離愁，別是一番滋味在心頭。」這段宋詞形容問題太過複雜，無從著手整理。當我們開始，對於日常生活中常用的器具設備，如更換電池、小家電的使用等，開始感到疑惑或困難，那很有可能是失智的前兆。

(6) 什麼時候——忘記日期及時間

憂鬱王子姜育恆有首歌叫做《什麼時候》，其中有段歌詞是這麼說的：「到底從什麼時候，這世界已經不屬於我？時光隧道裡找不到我，也許這一切只是路過。」這段歌詞很貼切的形容失智初期，常忘記時間的境況，當人從時間抽離出來，一切彷彿都是路過。

(7) 人算不如天算——處理財務或計算上有困難

有句話說：「人算不如天算。」本來這句話的意思是用來比喻天意已定，人無法自作安排。可是當失智徵兆出現時，人算，還真的不如天算。因為那時可能連電子計算機都搞不清楚如何按，何況是更複雜的財務問題，所以到時不只算不完，也算不了啊！

(8) 我是誰？——情緒或人格改變

台灣玉女歌星楊林有首歌叫做《我是誰》，有段俏皮的歌詞如下：「你問我是誰，我就請你猜一猜。」失智初期整個人的情緒或人格，都會逐漸產生變化，導致身邊的人會有種不知道哪一個，才是真實自己的錯亂與矛盾。

以上這八種徵兆，就像一本「失智點唱簿」，如果你點了兩首歌以上，建議就醫安排詳細的評估與檢查。除了不可逆的腦部退化病因外，通常在適當的藥物治療下，還是有機會可以改善病情，並延緩其退化的速度。

2. 「失智」不等於「失志」

在我接觸照顧的老人案主中，大概百分之六十都是失智患者。

我曾經照顧一位中度失智患者，和她相處一陣子之後，我發現這位失智媽媽可一點都不失志呢！她讓我對失智症的看法完全改觀，因此我都稱她爲「勵志阿嬤」。

這位「勵志阿嬤」七十多歲了，每次在陪她時，她總會不斷的詢問我是誰？我除了不厭其煩的提醒她之外，還把她以前的照片拿出來，讓她還記得自己的親友。只不過失智的速度，眞的比不上我幫她複習的速度。

即使「勵志阿嬤」的腦子正快速的退化，但她的身體可不會如此。她常常要我陪她玩接球的活動，有時我玩到已經上氣不接下氣，但她仍樂此不疲。我在想，這可能是她唯一，還能感受到自己能用的身體器官的活動吧！

每當看她在玩接球時，那一付自得其樂的樣子，一點都不像失智的老人；而且她那努力接球的模樣，眞是志氣高昂！看來，她雖然失智，但不失志。她那高昂的鬥志，讓親人們感到欣慰，也激勵了我繼續照顧她的決心！

當我們老了的時候，也許會失智，但千萬別失志；失智，頂多失去了應付生活所需的智力，但失志卻可能讓我們失去與病魔搏鬥的意志，進而失去了寶貴的生命！

《預防失智便列貼》

★ 樂於學習新事物
★ 多參加活動及運動
★ 維持均衡且正常的飲食和作息
★ 避免高油、高鹽的飲食及戒菸

譫妄是種負面急性症候群

新冠狀肺炎疫情在全球爆發後，死亡數字已破五十萬人，其中美國佔了四分一。根據當地多家醫院和研究報告顯示，66% 至 75% 留醫深切治療的病人出現「留院譫妄」（hospital delirium）症狀。

「留院譫妄」常見於年長的留院病人，尤其腦退化患者；但留醫深切治療的重症病人，不論老幼，都出現譫妄症狀。有的屬於「過度活躍譫妄」，有外在的妄想幻覺和暴怒情緒；相反的，也有屬於「低活躍度譫妄」，內心充滿幻想和混亂，並且抽離現實，難與外界溝通；有的病人兩種情況皆有。專家認為是抗疫與世隔絕、睡眠不足和藥物所致。由此可知，「譫妄」不是病，而是一種症候群。

1. 老人「譫妄」很普遍

從上例得知，「譫妄」容易發生在年紀大、術後或在加護病房者。通常超過三分之一的七十歲以上長輩，在住院期間發生過譫妄狀況；而且往往在身體狀況變差時，才出現意識混亂（搞不清楚人物及時間）、注意力變差、定向感變差（搞不清楚地點）、答非所問，甚至是幻覺等症狀。發作時，通常會維持數天至數週之久，有時晚上會較嚴重，因此被稱為「日落症候群」或是「黃昏症候群」。

造成「譫妄」的原因很多，通常是「生理上的異常」造成了臨床上像是「急性精神病的症狀」，如中樞神經問題、代謝性問題、系統性疾病，以及藥物中毒或戒斷等。由於譫妄的起因是「生理上的異常」，所以治療的方式以矯正生理上的異常為最重要。通常解除根本原因後的三到七天，症狀就會逐漸消失，但有的則可能拖到一個月之後才會消失，這與病人本身的生理狀況有關。

2. 黑白無常來了？──「譫妄」來搞鬼

在我從事照顧老人的工作中，常照顧到因跌倒就醫的案主。

有位七十八歲的李媽媽，因為在洗澡時不慎滑倒，跌斷了髖骨。送醫治療後，醫生考量李媽媽上了年紀又有糖尿病及高血壓，手術可能有風險，但她自己及家屬們希望將來還能正常行走，於是決定接受人工髖關節置換治療。

李媽媽的手術順利，但從開刀後，就常常胡言亂語，例如，說有黑白無常站在旁邊看她；或者動不動要把點滴拆掉、晚上動不動就按鈴叫護理師……不只醫護人員人仰馬翻，連家屬及隔壁病友都雞飛狗跳。這時我在想，怎麼手術成功後，李媽媽卻變了另一個人？難道她失智了嗎？後來在醫師的診斷下才知道這是「譫妄」搞的鬼！

李媽媽後來在醫療團隊、家屬及我的用心照顧後，手術復原狀況漸入佳境，譫妄的症狀也逐漸消失，之後白天我可以安心陪她去復健，晚上她也能安穩入睡，整個人又回復到開朗健談的性格。經過這次照顧李媽媽的經驗，我和家屬才了解到，「譫妄」是老人間常見的一種情形；「黑白無常」其實是「黑白講」啦！

《預防譫妄便列貼》

★ 家人多陪伴
★ 維持正常的作息
★ 白天多活動，晚上才好睡

憂鬱是心情陰時多雲

知名 NBA 球星林書豪之前，在台灣的一場宗教佈道會中情緒崩潰，當眾痛哭，邊哭邊說自己在 NBA 的發展愈來愈艱難，甚至覺得自己是被 NBA 放棄了！許多人見狀後紛紛鼓勵支持，但也有人認為他可能承受過大壓力，導致情緒失控；甚至有人覺得他可能有焦慮症或憂鬱症的傾向。

根據衛福部統計：2018年全國自殺人口3865人，其中有25%是六十五歲以上長者。而國內老人自殺死亡率，已占全國自殺死亡人口四分之一，而且隨著高齡人口數目逐漸增加，自殺人數也逐年攀升。根據資料顯示：全台灣約有31萬名老人有憂鬱症的困擾，但是老年憂鬱症的就醫比率仍然偏低。主要原因包括：久病不癒、精神疾病（憂鬱）或物質濫用（酒精、毒品）及人際關係等。

「憂鬱症」是目前依然難理解，且被嚴重污名化的精神疾病。大部分的人，一聽到憂鬱症，很快聯想到自殺。的確，有些長期且嚴重的憂鬱症患者，都會有結束自己生命的念頭。憂鬱的情緒，就像沉重且厚實的烏雲，毫不客氣地遮住內心的小太陽。而這片烏雲不是瞬間形成的，是在生活中一點一滴逐漸形成的。

根據高雄醫學大學在南部所進行的研究，推測台灣約有10%憂鬱的老人，有潛在的憂鬱情緒問題。而居住在護理之家的老年住民，更是高達30%以上有憂鬱的症狀。老人的憂鬱通常顯現在「行為改變」，如以前常聚會或散步，現在都意興闌珊；平常愛看電視，現在卻連電視機都不想打開；也可能會怨天尤人，或抱怨身體的不舒服……但身邊的人卻往往只注意到他們抱怨的內容，帶去就醫也查不出個所以然來，這很可能是憂鬱的情緒在作祟。

其實憂鬱症是有前兆的，茲說明如下：

1. 憂鬱點菜單—憂鬱脈絡可循

前面有講到，憂鬱的情緒不是瞬間形成的，而是在生活中一點一滴累積而成的。如果能在生活中，減少甚至預防這些「憂鬱因子」的產生，或許能減少老年憂鬱症的發生。

(1) 就是愛完美—要求高者易憂鬱

天后蔡依林有首歌《玩美》中的歌詞說：「現在、未來完美，是種本能。」對有些人來說，要求完美是種「本能」，而要求完美就是在「玩美」。但年輕時要求完美且自我要求高，而且控制控制慾極強的人，在年老時，反而是憂鬱症的危險群。

(2) DNA 作祟─家族遺傳機率高

台灣天團五月天名曲《DNA》中說：「誰搬進，我的大腦？誰綁住，我的手腳？是 DNA 唱我反調？還是我的命運，不敢自編自導？」通常家族病史中有憂鬱症，得憂鬱症的比率也很高，而女性得到憂鬱症的比率也比男性高。

(3) 多出來的生活─退休生活沒重心

有首歌叫做《多出來的生活》，其中有段內容是這麼說的：「多出來的生活，不會比較好過。」這段話很貼切的形容退休後的生活景況。有些人在面對以往生活的重心（工作）被抽走之後，這多出來的生活，會有調適上的困難，再加上沒有用心經營及安排自己的生活，就很容易產生憂鬱的情緒。

(4) 如果還有明天—老病死的折磨

以《機場》紅遍台灣的歌手薛岳，在他人生中的最後一張專輯《生老病死》中的主打歌《如果還有明天》中說道：「我們都有看不開的時候，總有冷落自己的舉動。」有些人在面臨老病死的折磨時，看不開的人，就很容易有憂鬱的傾向。那時身體的病痛，再加上心理的憂鬱，嚴重時還會想結束自己的生命。「如果還有明天」這是薛岳在病逝前，他人生最後的心聲，也藉此提醒大家在生命終止前，不要放棄任何希望。

2. 用感動抗憂鬱

人為何會憂鬱？我從兩位阿嬤身上，好像找到原因了！

有次陪我的失智阿嬤在社區中庭曬太陽，正好遇到一位做看護的阿姨，也把她那坐輪椅的失智阿嬤推出來曬太陽。我看那位阿嬤，眼睛一直望著天空，眼神看起來很飄忽。於是問阿姨，阿嬤怎麼了？

看護阿姨說：「阿嬤現在有點輕度失智，再加上輕度憂鬱。」

「她的孩子呢？」我問。

「都沒跟她住在一起。」看護阿姨悲憐地看著阿嬤說著。

這位坐輪椅的阿嬤，跟我的失智阿嬤很像，她的孩子們外出工作成家後，沒過多久就開始失智了……

很多文獻探討失智的成因，這些都是用理性邏輯來解析。其實我從這兩位阿嬤類似的生命經歷來看，我發現，若生活中，缺乏情感的交流與互動，也可能會讓自己的頭腦，因缺乏情感的滋潤而退化。

腦科學家茂木健一郎認為感動能讓腦進化。失智到目前沒有解藥，充其量只能延緩失智的速度。而憂鬱的情緒，往往又會隨著失智隱隱發作，或許經由親情的感動，才能讓她們的腦再活躍起來，讓她們的心再感動起來，生命將會如浴火般重生。

《預防憂鬱便列貼》

★建立運動習慣
★練習冥想靜坐
★學會調適壓力
★調整思考視角

「失智」和「譫妄」很類似

「失智（Dementia）」、「譫妄（Delirium）」及「憂鬱（Depression）」，這是老年人身上最容易發生的「3D」疾病。這三者其實看起來很像。

「譫妄」和「失智症」最大的不同，在於疾病發作的時程。

「失智症」有潛伏期，意識清晰，注意力也大致正常一般，但會出現各種記憶衰退的現象；患者會隨著退化，慢慢變成痴呆的狀況，而且不可能恢復。

「譫妄」則無潛伏期，意識會突然變得混亂，注意力也會急速下降，且會在某個時刻突然出現幻覺，覺得「有人要來殺他」，進而大吼大叫吵鬧不休，而且常常在晚上發作，最短大概幾小時，最長也大多是幾週就會恢復，而且不記得當譫妄發作時所發生的事情。

所以當老年人住院後，精神上突然出現異狀，應該優先懷疑是「譫妄」而非「失智症」。

「失智」和「憂鬱」很相像

「碎碎唸」是老人家常見的行為，但這可能與「失智」和「憂鬱」有關係。

早期失智時，有碎碎唸的症狀，這是他們可能想要交代某些事，可能已經說過，但是他們忘了。但有時是有些事沒有說過，但自己卻認為已經講過，對方沒有做，所以只好一而再、再而三地重覆著……

但如果是受傷或生病後，變得很愛碎碎唸，這可能是因為他們對自己身體的衰退感到擔憂，覺得自己無法掌控很多事，連基本的生活自理能力都無能為力……這有點類似恐慌症，而這種恐懼也會讓他們容易感到憂鬱，所以一再碎碎唸，藉此獲得關注並舒緩焦慮。

因此當發現自己或家中老人有碎碎唸的情況，不確定到底是失智還是憂鬱，不妨可以先去看身心科，讓醫生做更詳細的檢查與判斷。

「失智（Dementia）」、「譫妄（Delirium）」及「憂鬱（Depression）」這「3D」詳細的比較表請詳見如下圖：

譫妄	阿茲海默氏症	路易氏體失智症	精神疾病	精神疾病	憂鬱症
描述特症	混亂與注意力不集中	記憶喪失	認知功能障礙與活動緩慢	沒有現實感	憂傷、高興不起來
發病速度	急性	潛藏緩慢的	潛藏緩慢的	急性或緩慢的	緩慢的
認知功能波動性	常見	不常見	常見	不常見	不常見
時間長短	幾小時到幾個月	幾個月到幾年	幾個月到幾年	幾個月到幾年	幾周到幾個月
意識狀態	改變	正常	常為清醒	正常	正常
注意力	缺損	正常，疾病晚期缺損	常有缺損	可能缺損	可能缺損

定向感	波動性	缺損	缺損	正常	正常
語言	不連貫	輕微錯誤	輕微錯誤	正常或多話	正常或速度慢
思想	缺乏組織，有害妄想	思想內容貧乏，有被害妄想	思想內容貧乏，有被害妄想	缺乏組織，有妄想	正常
錯覺與幻覺	常有視幻覺	少見，除非末期病患	常見，內容複雜且持續	常見	不常見，如出現常為幻聽覺
精神動力狀態	有改變	沒有改變	沒有改變	有改變	有改變
可回復性	常常可回復	幾乎不會	幾乎不會	幾乎不會	可能可回復
腦波發現	中度到嚴重的背景慢波	正常或輕微的慢波		正常	正常

三、當個溫柔老人

什麼是「溫柔」？字面上的意義是「溫和柔順」。但在實際上，是一種「浪漫式的同理」，能夠以溫和柔順的態度來同理。誠如有一段歌詞是這麼說的：「我什麼都不要，知不知道？若你懂我。」

其實，每個人的內心深處，都有一個小小孩，他不會隨著我們年齡增長而變老，也不管我們的貧賤貴富，他始終都在我們內心深處，不曾遠離。唯一可以使他感到滿足的，就是「溫柔」。溫柔的傾聽、溫柔的呵護，甚至是溫柔的奢華，都能使彼此得到靈性的滋潤。

可是，隨著我們的成長，我們越來越忙碌，忙碌到沒時間與親密的人相處，乃至與自己相處，以至於我們生活得越來越盲目，也越來越沒有安全感，只好尋求外界的事物，來滿足內心溫柔的渴望。

「依賴內在造物者，就不會依賴任何事物。」為了找回當初戀愛時，最溫柔也最浪漫的感覺，有的已婚中年男子，因此靠著年輕美眉來不斷的外遇；有的已婚的女子，所以藉由保持自己的青春容貌，來爭取被溫柔對待的渴望。

這些外在的東西，終究無法通過時間和人性的考驗。如能學會毫不依賴外在事物，反而是能和自己培養真正親密關係的不二法門；學會不害怕遺棄，我們才能活得隨心所欲。

「該對你溫柔的——是自己。」想要找個溫柔的伴侶，就先讓自己成為懂得對自己溫柔的人。當你溫柔的對待自己，全世界也會將這份溫柔投射在自己身上！

用音樂來療癒自己——石田百合子

五十歲學吉他？怎麼不是在念大學社團時彈吉他呢？人生下半場，倒不如用音樂來療癒自己，讓自己重新再進入青春期，再青春一次！五十歲的日本演員石田百合子演完電影《日間演奏會散場時（マチネの終わりに）》後，開始學吉他。

日本「國民小阿姨」石田百合子，在IG上傳自己彈奏古典吉他的影片後，粉絲紛紛按讚外，並覺得她的吉他音色優美又溫柔，聽完之後有種被療癒的感覺。她自己也說：「吉他的音色，真的療癒了我內心深處的某些東西。」

在電影《日間演奏會散場時（マチネの終わりに）》中，她飾演一位女記者，與福山雅治飾演的天才吉他手，兩人流連在日本、巴黎和紐約等現代城市，談著浪漫的愛情。在銀幕上和溫柔的男神談戀愛，走出銀幕外，卻與吉他談起戀愛來。

沒錯！用音樂療癒自己，就是用溫柔的方式對待自己，這就像和自己談戀愛，當自己最溫柔的情人！

用寵物來寵愛自己——蔡英文總統

蔡英文總統以超過 817 萬劃時代的高票，當選台灣第十五任總統，這破紀錄的高票，象徵了人民對她的殷切期望，更代表了她將擔負更沉重的責任與壓力。許多人不知道，私底下的她，其實是位不折不扣的愛動物者，她與兩隻愛貓、三隻愛犬共同生活。當她提到這些寵物時，原本堅毅的神情柔軟了起來，冷靜的面容溫暖了起來。可見，這是蔡總統內心深處最溫柔的地方。

這種真情流露的溫柔，只有真正喜愛喵星人和毛小孩的人才懂得。這種與寵物之間的情感交流，讓她在日理萬機之餘，內心可以有個既感性又浪漫的角落，把內心的小小孩釋放出來，與寵物們盡情玩耍，藉此平衡自己的理性與感性。

用寵物來寵愛自己，是愛別人，也是愛自己，更是愛生活的一種表現！

「該對你溫柔的──是自己。」石田百合子和蔡英文，都用適合且自己喜愛的方式來對待自己，這就是一種「溫柔」；這種「溫柔」無論性別，不分年齡，都可以來學習的。當我們溫柔了，生活才能溫柔的對待我們。

第四章　你的老，其實很「可貴」

因爲當居服員的關係，我照顧過各種形形色色的老人。不管性別，無論年齡，不論病況，老人的心裡或多或少都有些情緒與問題。有句話說：「**萬病由心起**。」老人的心理狀況，絕對與他們身體的狀況，是息息相關的。

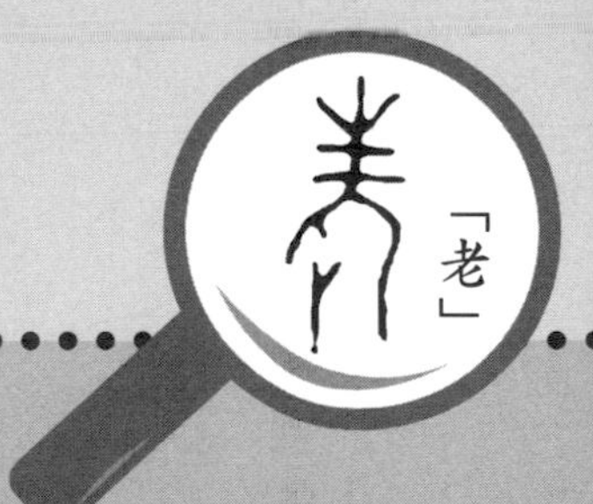
「老」

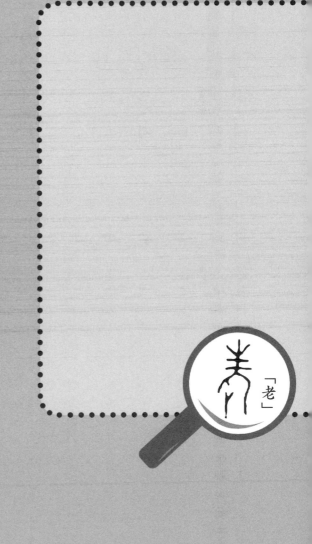

一、老人有顆玻璃心

「心病心藥醫」，尤其年紀愈大，可能不只是血壓愈高，其玻璃心的抗壓力也會愈來愈小，一個不小心，很容易就碎成一地。

老人心既敏感又脆弱

有句歌詞說：「愛人的心是玻璃心。」看來，老人的心，也是如此。

我曾經照顧過一位八十多歲的阿伯，阿伯退休前，是眾人敬畏的董事長；退休後，是沒人理的戶長。也許因爲如此，他開始變得敏感脆弱起來，一丁點小事情，都可能在他的心裡產生小小的裂痕。

阿伯還有個中度失智的老婆與他同住，有時他想要讓失智的伯母多喝水，可是她根本就聽不懂，阿伯就氣到把杯子重重的放在桌上，巨大的聲響嚇到當時在場的人；阿伯想要去山上走走，可是兒子怕有高血壓的爸爸，身體負荷不了，於是不准他去，之後阿伯足足和兒子冷戰一星期；快要到一家團圓的中秋節了，阿伯開始變得碎碎唸，明眼人一看就知道他在想，在外地的兒子是否會來看他？

最在乎的人不理他，心裡難過到捶心肝；最想去的地方不准去，心裡悶到快要揪成一團；最掛念的兒子是否來看他，心裡彷彿有萬隻螞蟻在鑽來鑽去，這麼敏感又脆弱的阿伯，想必他的心，也是玻璃心。

心病也需要對症下藥才能藥到病除。阿伯的心藥分別是：老伴的愛心、兒子的關心，以及開心的過日子。這樣他的心，就不再那麼的脆弱，而是紮紮實實的「強化玻璃」啊！

老人心有千千結

每個人都有心事，老人也不例外。只是，表達心事的方式大不相同。

自從失智伯母住院後，阿伯一直愁眉不展。即使伯母已經出院，也康復得差不多了，他還是整個人繃得很緊，只要伯母或他自己身體一有點小毛病，他就會非常緊張，整個家可說是草木皆兵。

阿伯越緊張，脾氣就越暴躁，家裡的人也就跟著越不好受。漸漸的，就越不想跟他有接觸，因此家裡始終籠罩在高壓氛圍裡。於是阿伯又緊張又苦悶，這讓他的血壓數值始終居高不下，但這又讓他開始緊張起來，形成無限迴圈的惡性循環。

阿伯的情況，讓我想起佛說的一句話——「**百病由心起**」。阿伯的病是心病，阿伯的高血壓，代表他心裡的負面垃圾也堆積得很高。這些垃圾是擔心，是控制，是妄想等。

阿伯心有千千結，其心事多如牛毛，在心裡堆積成一座垃圾山，我想也**只有看開跟放下，才能減輕心裡的垃圾，有效解除病因。**

老人心是座小劇場

有句話說：「女人心，海底針。」至於，老人心，也有許多小劇場啊！

阿伯的孫子考上排名前三志願的高中，於是開心的準備紅包，要給金榜題名的孫子。阿伯開心的將紅包拿出來，但孫子遲遲不肯接受那份紅包，在旁邊的媳婦看到這一幕後，便趕緊幫孩子把紅包收起來。

隔天阿伯看到我，就把昨天媳婦拿走紅包的事情告訴我，然後在我面前嘀咕說媳婦的手腳眞快！因爲我沒在場，所以我也不知該如何回應？或許她是基於禮貌的關係，才主動把紅包收起來。

我猜想，阿伯爲了給孫子紅包，已經在內心排演許多次了……劇本A：孫子一定會感到非常驚喜，然後開心的收下紅包；劇本B：孫子不好意思收下紅包的話，那就直接塞在孫子的手中。但沒想到半路殺出個程咬金，媳婦一手接收紅包。一齣自己事先在內心排演多次的戲，就這樣被媳婦破壞了……

經歷這件事之後，我發現，老人心不只像海底針，而且是有好幾套劇本的內心小劇場。總之，**老人心也和女人心一樣，難搞但又頗耐人尋味啊！**

老人心缺乏安全感

戀愛中的女人患得患失的原因是缺乏安全感；快走到生命盡頭的老人，也像戀愛中的女人，極度缺乏安全感。

有些老人，因爲嚴重的骨質疏鬆而不良於行，只好坐輪椅；出門則要坐有輪椅座的車子。這種有特殊設備的計程車，不像一般計程車隨叫隨到，而是要事先預約。

有次在坐計程車時，要順便預約下次搭車去醫院的時間，好不容易約好了，老人家又開始擔心回家時，司機是否有空能載他們回去。司機大哥看出他的擔憂，於是跟他說：「您放心！就算不是我本人來載，也一定會有人載你們回去。」

老人聽完後，還是一臉不確定。司機大哥察覺後跟我說：「很多老人就跟他一樣，年紀越大，越沒安全感。」是的！這種不安全感，就是一種不確定感。

人老了，這種不確定感，讓他們對於身邊的人事物，常疑神疑鬼。更有甚者，對於自己充滿無奈、矛盾與掙扎，情緒無法調整好的話，就會把這種負面情緒發洩在身邊的人的身上。

所以有些人，不喜歡跟老人相處，甚至連自己的長輩，也都敬而遠之。就像阿伯他的兒子女兒，都不想跟他住在一起。女兒遠在美國，兒子即使在國內，也很怕接到阿伯的電話。這樣的老人，不只表面看起來形單影隻，心裏也更加落寞。

面對老人的不安全感，「耐心」是基本功，也要「用心」幫助老人，增加他們生活的「支點」。支點一多，就能撐起生活的安全網，讓老人們的心裡更加踏實安穩。

老人的情緒是座冰山

跨年期間，天氣非常寒冷。年輕人可以外出跨年，老年人只能在家裡的棉被窩跨年，但這樣真的溫暖了老年人的心嗎？

不知是天冷？還是陰雨綿綿的關係？即使跨年夜綻放著美麗的煙火，老人的情緒，卻如同外面的氣候，黑壓壓陰沉沉的，整個家裡的氛圍，都籠罩在低氣壓裡，即使身上穿得暖呼呼的，但似乎無法溫暖他們的心……

不只心裡的冷氣團發作，還伴隨著起伏不定的焦慮，擔心自己穿不夠暖，擔心自己沒吃飽，擔心自己水喝得不夠多……這一連串的焦慮，更讓家裡的氣氛雪上加霜。我想，老人的焦慮是一種無奈的想念。

到底想念甚麼呢？

不是想念暖暖的冬陽，而是想念自己的親人。**老人們的情緒，就像一座深不可測的冰山，表面看起來是焦慮，但冰山以下的，則是無涯的想念。**只有長期與老人相處的我，才能有雙透視的眼，看透老人們的心事。

禦寒取暖的東西很多，雖可以溫暖老人們的身體，但卻只有親情，可以溫暖老人家的心啊！

老人的囉嗦是在抗議

老人，有時很囉唆，想要跟他們理論，似乎「秀才遇到兵，有理說不清」。想要馬耳東風，又很難保持心靜，看來，面對老人們的碎碎唸，得要有一套「心法」啊！

有次一到案主家，案主家的外勞，就趕緊把我拉進廚房，跟我抱怨案主。說案主總是嫌她飯煮得不夠軟啦、煮的水有怪味啊、衣服洗得不夠乾淨之類的。我從外勞雙眼的黑眼圈、滿臉的倦容，以及越來越臃腫的身材，想必她應該被阿伯疲勞轟炸到快要崩潰了！

在我眼中，案主就像品管部的高級主管，對外勞工作的品質，進行嚴格的控管。如此的鉅細靡遺，不是因爲他曾經擔任品管部的主管，而是生活實在太無聊，不是看電視，就是吃飯，要不然睡覺，唯一能找的事情，就是唸外勞。

對我來說，面對這些老人家的雜唸，就得讓自己的內心強大起來，不只要左耳進右耳出，還要泰山崩於前面不改色，他唸他的，我做我的，才能相安無事。老人家的囉嗦，表面上覺得他們很吵很煩，但我內心總覺得，老人們的囉嗦，其實是他們的內心在抗議；抗議歲月太無情，抗議自己不中用，抗議親人不夠關心……離他們最近的人，往往得內心力量強大到像一座垃圾場，足夠承載他們的負能量，然後隨著焚化燒毀，在心中煙消雲散，並且船過水無痕。

從以上的敘述，可以得知老人心如同萬花筒，而這些心理症狀，一來會互相影響，二來同一種心理症狀又會引發其他的心理症狀，由此可知，老人的心理特質是多變且複雜的。

我從居服員的經歷，體會到**照顧與被照顧者的關係**，**就像人與鏡子的關係**。照顧者在照顧被照顧者時，如同在照鏡，照出自己內心深處的心思。唐太宗說：「以人為鏡，可以明得失。」這些老人讓我知道，以人為鏡，可以明心思。這是照顧與被照顧關係之間的有趣之處。

二、「被照顧者」是「照顧者」的「老師」

雖然我照顧的老人們，大部分都是生病的、有狀況的，甚至不正常的，但是，他們都是我的「老師」。若人生是一所學校，這些曾經被我照顧過的老人，就是我的老師。

天使與惡魔

有句話說：「善待每個遇到的人。」即使遇到的人，可能是天使，也可能是惡魔。

舉例來說，我曾經照顧一位阿嬤，這位阿嬤有泌尿道感染、糖尿病及敗血症，所以她三不五時就會泌尿道感染，甚至發燒。我跟親友說，阿嬤由於血糖控制差的關係，常會泌尿道感染。親友聽到了覺得很好奇，爲什麼我會知道？我說這是因為我以前照顧媽媽時，才學到的醫學知識。有時，「被照顧者」也是一種老師，教會「照顧者」如何照顧他人。當醫生的朋友，聽完我的心得後，也跟我說，「護理師」也是他們的老師，以前當實習醫生時，護理師也教會他很多事情。

看來，在職場上，職位高的人，未必得當職位低的老師；職位低的人，有時反而能教職位高的人，這正呼應了韓愈在《師說》中提到：「聞道有先後，術業有專攻」的觀點。同樣的，在生命中也有些很特別的老師，「自私吝嗇」的人，是為了教會我們「無私分享」；「傷害」自己的人，是為了教會我們「寬恕」；「批評」我們的人，是為了教會我們「自省」；「懦弱」的人，是為了教會我們「挺身而出」……**遇到的人，是緣分，也是功課**。

不論遇到的是天使還是惡魔，天使循循善誘如沐春風，惡魔耳提面命如履薄冰。善待每個遇到的人，在每位遇到的人身上尋找「禮物」，尋獲的禮物，就是上天最珍貴的「祝福」。

而這些我照顧過的老人，如同老師般帶領我認清老後生活，教我修好「照顧老後自己」的這門學科。因此老師，不光是教授學問的，才是老師，在我們生活，甚至生命中，有許多人都是我們的老師。

三、預立醫療決定書

一般人對於死亡，總覺得不吉祥，是有忌諱的。可是，當自己直視死亡時，就好像在黑暗的室內開啟了燈光，死亡的陰影瞬間消失得無影無蹤，取而代之的，是開放且溫馨的氛圍。

我的人生我作主

當我在寫這本書時，剛好接到市立聯合醫院的通知——可以進行「病主法預立醫療照護諮商（註一）」。由於簽立決定書需要兩位見證人，在東挑西選之後，我終於得到兩位朋友的首肯，當我的見證人，就這樣連同醫療委任代理人總共四人，浩浩蕩蕩前往醫院了！

當社工師告訴我，文件上傳成功後，我似乎放下心中的大石頭，開心的跟朋友們說：「謝謝！」開心的原因，是因為簽下預立醫療決定書之後，不會再有折磨人的搶救，不必再有苟延殘喘的維生。可以**帶著自主尊重，迎向人生的終點站**。

而這次參加預立醫療照護諮商的經驗，對我來說，是一種「解放」；解放自己對死亡的看法與感受，解放了自己對死亡的無知與恐懼。我也深刻的意識到，**活著的祕密，就在於死前先死過，我們將發現，沒有死亡這件事**。死亡，只是生命進化中的一個過程，是生命之旅中的一個站名罷了！

孔子說：「未知生，焉知死？」生還沒弄清楚，又怎麼能理解死呢？同樣的，「未知死，焉知生？」無法理解死亡，又怎麼能懂得生呢？既然歡喜迎生，那麼也可以帶著喜悅迎向人生的終點站。

簽立預立醫療決定書就是我給自己的祝福之一，也是這些被照顧者給我的禮物之一。

四、預立安寧緩和醫療暨維生醫療抉擇意願書

在一生中，我們常為自己的生活找保障。健保勞保不夠用，商業保險有備胎；情人承諾不牢靠，結婚證書才可靠；學經履歷不夠看，技能證照能加分……**保險、證書與證照，都在為我們的不安全感加上「安全氣囊」。**

做對的事不分早晚

人的一生少不了生老病死，當我們將生命之車，逐漸開往生命終點時，別以為這時就能安然抵達終點。**想要安全抵達，就得加裝安全氣囊，那就是預立「安寧緩和醫療暨維生醫療抉擇意願書」**（註二）」。

我曾經照顧一位眼睛看不到的老奶奶。因爲不良於行，所以她的活動範圍只能侷限在家裡。通常我陪奶奶時，除了備餐及餵她吃飯之外，還有洗澡。有次洗

完澡後，準備把脫下的衣物丟進洗衣機時，奶奶緊張的跟我說：「等一下，把我褲子口袋裡的紙條拿出來後，再丟進洗衣幾。」

我於是在她的口袋中，發現一張小紙條，上面寫著：「我不要用人工呼吸器及採取任何急救措施，謝謝！」並簽上日期、名字並蓋章。奶奶說，她年輕時在醫院當看護，看到很多受盡折磨的病患，看到很多來不及說再見的病患，看到很多無法爲自己做決定的病患……避免將來自己也成爲其中之一，所以她要自己先做決定。

看到奶奶用如此獨特的方式做決定，她的勇氣與智慧，深深地撼動了我。我於是開始搜尋有關安寧意願註記的相關資訊，並請朋友做見證。有的朋友非常贊同我的作法，也有的朋友質疑我會不會太早做決定。但我跟朋友說：「只**要是對的決定，不分早晚**。」

簽完意願書，並確認註記成功後，我的內心感受到一股前所未有的平靜，這種平靜，來自意願書所帶給我的安寧。如此一來，當我開著生命之車即將抵達終點時，因為有了這個「安全氣囊」，即使可能要突然煞車，還是能以安穩且寧靜的狀態到達終點站。

後來奶奶過世了！老奶奶用她的智慧和勇氣，為她自己的臨終所做的一切安排，留下了既從容又優雅的身影。**我在她身上，體會到真正的放下，並為死亡增添了平和寧靜的品質，這就是「真正的安寧」**。

五、預立善終意願與決定紀錄表

「預立醫療決定書」及「預立安寧緩和醫療暨維生醫療抉擇意願書」，如同生命之車的「安全氣囊」，而**「預立善終意願與決定紀錄表」則是當我們下車後，親友照我們的意願來處理這輛「生命之車」**。

善終意願面面俱到

有一回，我帶一位長者去醫院做復健 認識了一位才四十多歲就已經全身癱瘓的患者。每次我一看到他，總是會稱他爲「大帥哥」，雖然不是眞正的大帥哥，但一聽到我這樣稱呼他時，還是常開心得合不攏嘴。

通常復健需要長時間的療程，所以常一邊帶被照顧者去復健，一邊跟其他患者聊天。復健時間也成爲患者們的社交時間，有時天南地北聊一聊，時間就很快度過了！在這段期間，也漸漸地跟這位大帥哥熟稔起來，他也慢慢地跟我分享他那獨特的人生觀。

他說他年紀輕輕就因爲出車禍而全身癱瘓了！因此他深感生命是很無常的。所以他開始未雨綢繆安排自己的人生大事。他的大事不是成家立業傳宗接代，而是「善終」。除了已經簽下了「預立醫療決定書」及「預立安寧緩和醫療暨維生醫療抉擇意願書」，他也簽好了「預立善終意願與決定紀錄表」。

他說他簽完這「三寶」後，覺得無事一身輕，**生命不再是沉甸甸的擔憂，而是輕飄飄的自在**。他的親人們看到他如此的豁達，也逐漸放下對他的愧疚與不捨，親人間的關係也獲得修復，這眞是他始料未及的結果啊！

「預立善終意願與決定紀錄表」通常分成五個主要項目：分別為「照護處所」、「遺愛捐贈」、「後事安排」、「宗教信仰」及「其他」等五個方面。

1. 照護處所

照護處所可分成兩部分：分別是「希望執行預立醫療決定之後」及「希望臨終往生地點」；這兩個部分可以有「家裡」、「長照機構」、「醫院」、「由親人決定」、「由醫療委任代理人（註三）決定」、「未決定」及「其他」等選項。我們可在生前照自己的意願，來決定自己要在何處善終。

2. 遺愛捐贈

此部分可分成下列三部分，分別是「器官捐贈」、「遺體捐贈」及「尚未決定」。

(1) 器官捐贈

這部分可分成下列三個選項，分別是「願意捐贈任何可用的器官與組織」、「只願意捐贈部分器官與組織（可複選）」，如心、肺、肝、腎、眼角膜等。

還有「不願意捐贈任何可用之器官與組織」。

(2) 遺體捐贈

這部分可分成下列兩個選項，分別是「同意將遺體捐贈予醫學院或解剖屍體條例第二條規定之醫療機構，作為大體解剖教學與病理剖驗使用」；另外則是「不同意大體捐贈」。我們可在生前依照自己的意願，來決定如何處理自己的身體。

3. 後事安排

這部分可分成下列三個選項，分別是「希望的葬禮儀式」、「希望的喪禮儀式告別式追思會」及「希望如何處理網路社群帳號及其他數位之個人資訊」。

(1) 希望的葬禮儀式

這部分可分成兩大類：一類是「骨灰（骸）的處置意願」，如火化或不火化、由親人決定、未決定及其他選項；另一類則是「安葬意願」，如靈骨塔、墓園（地）、環保自然葬、由親人決定、未決定及其他選項。

(2) 希望的喪禮儀式

這部分可決定自己是否要舉辦「告別式」或「追思會」。

(3) 希望如何處理網路社群帳號及其他數位之個人資訊

Facebook：通常Facebook的一般帳號設定中，即有「紀念帳號設定編輯」的選項，指定一個人擔任「代理人」，接續管理自己的臉書帳號；或者也可以設定當與親友永別之後，當有人向臉書回報經確認後，帳號就會被永久刪除。

Instagram：對於過世帳號的處理，基本上與Facebook相同。

Google：則有註名為「閒置帳號管理員」的處理辦法，使用者可以事先利用這項功能進行一系列設定，決定帳號閒置後的聯絡人與他人的權限。

Twitter：是運用「非活躍帳號政策」，只要使用者超過六個月未登入或推文，帳號將被視為非活躍狀態而永久停用。

4. 宗教信仰

這部分則依據自己的宗教信仰，如道教、佛教、基督教及天主教等，來表達自己將來想要依照何種宗教文化處理自己的身後之事。另外，在宗教信仰或與身心靈照護相關需要上，也可向醫療團隊分享自己想表達的立場。

5. 其他

例如：想讓親友知道的事情或話語。這部分如同「申論題」，可以自由申論。有的人用錄音筆來錄下自己想說的話，有的人選擇以創作影片、照片或任何形式的作品，來表達自己的想法及感受。這部分是free style，可以盡情發揮！

這份預立善終意願與決定紀錄表，是隨時可以修改的。通常在做預立醫療照護諮商時，院方會提供相關資料，或者也可自行索取。一式兩份，一份醫院留底，另一份則自己留存。

經由處理自己的善終意願與決定後，這輛自己專屬的「生命之車」，將能得到妥善的處理，而不會淪落成報廢車，被丟到廢棄物處理場；也不會被棄置不管，成為一堆廢鐵，而是送至「生命博物館」，成為不朽且永恆的「生命精品」。

六、你就是生命的禮物

甚麼？自己就是生命的禮物。是的，生命很珍貴，珍貴的原因，就是我們自己本身。禮物本身也不是一種奇蹟，而是從歲月的悲歡離合、生活的喜怒哀樂所創造出來的。**真正的活著，而不是膚淺的活過；去真正的經歷，而非膚淺的經過。那麼，我們就會找到自己獨一無二的生命禮物。**

某天在看《說文解字》，看到許慎說：「轉注者，建類一首，同意相受，『考』、『老』是也。」我突然覺得，中國字除了有藝術之美外，還有生命哲學蘊含在其中。

「老」字和「考」字，就是一對轉注字，同屬「老部」，這就是所謂「建類一首」；而「老」就是「考」，「考」就是「老」，這就是所謂「同意相受」，以上說明是就文字學而言。

就生命哲學而言，老，是一連串考驗的開始。人一旦開始老化，「病魔」和「死神」就隨侍在側。**病魔的存在，考驗我們的身體，試探我們的心志；死神的存在，考驗我們的勇氣，測試我們的智慧。老化與考驗，如影隨形。**

老與考，許慎點出了老字與考字的文字關係。但是老字和考字如何寫？如何展現生命之美？則是掌握在自己手中，因為生命操之在己。考驗的存在，將更幫助我們發揮自身的生命力，通過考驗，才能挖掘到自己專屬的生命禮物。

禮物一：為生活加減乘除

1. 老後生活的加法

很多人想到老年生活，就會想到退休金夠不夠？所以一想到如何規劃老年生活，就想到要多存點錢，這樣才足夠老年生活所需。

從我照顧年邁的爸爸、媽媽到後來成為居服員，我覺得要讓老年生活充實且幸福，除了要增加存款之外，其實還要增加其他的東西。

(1) 增加朋友

首先增加朋友，有朋友相伴的老年生活，就像蛋糕上面多了各式各樣的裝飾。因為生活中多一個能分享喜怒哀樂的對象，老年更加繽紛多彩。

(2) 增加好奇心

雖然有句話說：「好奇心會殺死一隻貓。」但好奇心能挖掘出老年生活的無限可能。如果自己對養身感到興趣，那就去閱讀相關的雜誌或書籍，除了可以打發時間之外，也懂得照顧自己，甚至能愛屋及烏，關心身邊的親人。

(3) 增加健康

增加健康，不一定是增加運動量，而是從運動及飲食方面，去調整自己的生活習慣，讓自己更加健康。就像吃完飯後走走，順便跟鄰居串門子，這樣健康之餘，也能順便交朋友，真是寓社交於運動，一舉數得的好活動。

存款增加的確可以讓老年生活無虞、無憂且無慮，但是**沒有健康、友情及好奇心所點綴的老年生活，就像個有錢的乞丐**，老年生活將是貧乏無趣且窮極無聊的。

2. 老後生活的減法

人到老了，很多都減少了，像頭髮少了、牙齒掉了，沒有人喜歡逐漸凋零的感覺。但生活中，還是得適時適量的運用減法，讓生活更簡便，生命更輕盈。

(1) 減少慾望

有些老人即使老了，還是有許多慾望。其中吃美食，是每個人都會有的慾望。可是畢竟年紀大了，吃太豐盛的美食會造成身體的負擔，但吃不到或吃不夠總覺得有遺憾。慾望與希望不同，慾望使人心煩意亂，但希望使人心情飛揚，少一點慾望，多一點希望，老年生活更燦爛。

(2) 減少體重

貪吃美食的後遺症，就會明顯的反應在自己的體重上。有些老阿伯老阿婆的肚子，像是已經懷孕四五個月的肚子。減少體重，並不是只為了外型的美觀，而是避免三高找上身，還有將來等老了不良於行，甚至癱在床上時，至少有人還搬得動自己。

(3) 減少長物

老年人身邊總是會有許多雜物，活得越久，儲存的東西也越多。凡是以前留下來的、現在正在使用的、未來可能用到的，在老人的不安全感及惜物心態下，就會越積越多。所以在我從事居服的工作中，通常都會幫患者三不五時大掃除一下，超過有效期限的、壞的、不堪使用的，就大方說再見吧！在大掃除的過程中，如果看到久違不見的舊物，回憶油然而生，甚至還會別有一番滋味在心頭……

綜觀一個人的一生，總在加加減減中過日子。雖不用精於算計，但是加減對了，人生的答案將會是令自己滿意的！

3. 老後生活的乘法

「夕陽無限好，只是近黃昏。」這段話慨嘆生命再怎麼美好燦爛，終究有結束的一天。**老年雖是接近薄暮之年，但也能展現旭日般的燦爛與熱度。**

很多老人一退休後，各種身體上的毛病接連跑出來。首先起床起不來，總是要等到快要十點才能清醒。接著血壓不正常，再來頸動脈硬化，因此身體越來越衰老。有些貼心的親人會鼓勵家中的老人，退休後，還是可以多出去走一走看一看，回來後，他們總是會與親人們分享自己的所見所聞，老後生活也因此多了不少小花絮。

我曾經照顧一位董事長阿伯，退休後他擔任社區的主委，於是三不五時聯絡鄰居或者跟管委會開會。社區的事情一忙下來，他認識不少鄰居，也重新建立自己退休生活後的人際關係。現在只要一出門，就會有鄰居熱情的跟他打招呼，讓他生活更增添不少人情味。

也許經由轉移焦點的方式，董事長阿伯很少再跟我提到，他身體有哪些不舒服的狀況，反而是跟我分享他處理了哪些社區的事情，得意之情溢於言表。

從董事長阿伯身上，我發現**老年生活中的「人際關係」是「乘法」，因為有熱絡豐富的人際關係，就會像石頭丟進水面，在他的生活中泛起陣陣漣漪**。

在四則運算中，加法是聚沙成塔，乘法則是加倍放大。同樣的，在老年生活中，善用人際關係這個「乘法」，生活的花絮會增加、生活的趣味會放大，因此善用這個乘法，自己也可以是老年生活的魔法師。

4. 老後生活的除法

有人覺得時間過得很快，所以覺得歲月如梭；有人覺得時間過得很慢，所以覺得度日如年。**時間，是老後生活的節拍器啊！**

大部分的老人，通常都有失眠的問題。晚上睡時睡不著，一定會看電視看得很晚才能安然入睡；睡到早上九點左右起床，然後邊看電視邊吃早餐，大概吃到十點左右；等到十二點，要吃午餐時，往往會大吃一驚說：「現在已經十二點多了啊！」睡午覺起來，吃下午的點心時，又驚訝的說：「啊！現在已經快四點了啊！」就這樣，老人常看時鐘過日子，一天二十四小時，在老人的時間感中，過得飛快，不只是減法，而是一下子就瞬間消失很多的「除法」。

其實在老年生活中，「時間」，扮演除法的角色，很多生活中的點點滴滴，時間一除下來，大概只剩下早午晚三餐這三個主要時段了。彈鋼琴用的節拍器可以調整，同樣的，**老年生活中的節拍器，也可以試著自己去調整**。像用一點時間，做一些活動，或做自己想做的事，讓時間的節奏更加多樣化，老年生活也能更加豐富多元了！

禮物二：「三養」與「五福」

什麼是「養生」？吃吃保健食品、做做運動，就是「養生」了嗎？現在大部分的人，都很注重養生，因此常攝取這方面的資訊。閱讀很多之後，不知有沒有看進去？是繼續吃自己喜歡吃的東西，還是看到電視廣告推銷的保健食品就買來吃？這樣就是「養生」嗎？

這樣的養生方式，常讓自己花了不少冤枉錢，但仍是對自己身體的狀況很不滿意，繼續到處問親友或醫生，該吃哪些保健食品，或請人推薦比較厲害的醫生……這樣的養生，只是在養別人的口袋啊！有的老人還會因此越來越焦慮，焦慮到晚上都睡不好。照理說，這麼勤於養生的人，應該看起來精神矍鑠，但為什麼反而卻看起來精神萎靡，到底是哪邊出問題了呢？

《書經．洪範》中的**「五福」指「長壽」、「富貴」、「康寧」、「好德」、「善終」等五種福氣**。勤於養生，可能養足了長壽，但花了不少的錢，所以難稱得上富貴；心中時有焦慮，所以難以康寧；只忙著養身，卻沒有修養心性，所以難以好德；至於能否善終，還是個未知數呢！

這些為養生所苦的老人們，讓我醒悟到，勤於養身之外，也要培養心性滋養精神。**「養身」、「養心」、「養神」，五福自然臨門！**

禮物三：從生活累積「正」能量

「養身」、「養心」、「養神」這三養，都需要靠正能量來培養；正能量的來源則是源自於我們的生活。**有句話說：「我們怎麼對待生活，生活就怎麼對待我們。」**我從一位老人身上，親眼看到這句話的印證。

可能最近天氣悶熱的緣故，我的皮膚有些狀況，於是前往皮膚科看診。在等候看診的期間，我環顧了四周的人群，有的在聊天，有的在滑手機，有的在看報章雜誌，而我則閉目養神，等候我的看診叫號。

忽然有位老人，一進診間等候區，就對其中等候看診的外國人Say Hello，他一說「哈囉」，大家不約而同將眼光投向這位老人。由於他一個人獨自看診，而且是第一次來這間醫院看診，於是他東張西望，想尋求協助。

也許是這位老人大方開朗的態度，讓大家注意到他，看到他似乎需要幫忙的樣子，於是大家開始很熱心地幫他，告訴他去哪裡掛號及量血壓，告訴他去哪裡看候診名單，在大家的協助下，他終於順利掛號看診。

其實診間等候區有許多人，但是就沒有像這位老人，一進來就對這位外國人熱情友善的打招呼，都逕自做自己的事，也許就是他那大方親切的態度，吸引了大家的目光，也激發大家用親切熱心的方式來幫助他看診。

我在這位老人身上體悟到，我們希望別人怎麼對待我們，我們就該先如何對待別人。**生活，絕對會像鏡子，如實反射出我們自身的心態。**

胡適先生曾說過：「種種從前，都成今我。莫更思量更莫哀，從今後要怎麼收穫，先怎麼栽！」想要獲得滿滿的正能量，就要像個勤勞的園丁，**在生活種下正能量的種子，經過一番加減乘除後，才能收穫盈滿的正能量果實！**

禮物四：轉化「富」能量

但就筆者所照顧的老人中，擁有滿滿的正能量的老人，實在如鳳毛麟角般少之又少，多數老人都是一身滿滿的負能量，有的甚至還爆棚呢！數學運算中有負負得正的原則，其實在我們生活中，也可以運用這條法則喔！

朋友知道我曾照顧一位失智的阿媽，不了解失智的人，跟沒失智的人相處過，通常會覺得失智很可怕！但我照顧失智阿媽四年多了，反而覺得漸入佳境、倒吃甘蔗。

剛開始失智的患者，情緒和意識彷彿進入「風暴期」，通常會讓身邊的人雞飛狗跳，等到病症更嚴重後，就會漸漸緩和進入「平原期」，照顧者和患者的關係就會和諧許多。

朋友看我常得面對失智患者，或者得面對脾氣暴躁的老人們，接收不少負能量，勸我改做別種工作。我則認為在現實生活中，**負能量無所不在**。走在街上，坐在車上，買個東西，都可能遇到讓我們感到莫名其妙、火冒三丈，甚至害怕難過的事物，**所以問題不在於負能量，而在於面對負能量的心態**。

既然負能量無所不在，那麼我們就要用充沛的正能量來迎戰它。我通常用接觸大自然、運動及靜心來轉化這些負能量。在轉化的過程中，我體悟到這些負能量是外境的產物，只有回到自己的內心世界，點亮心燈，才能看到那個原本完美平靜的自己。

轉化的過程如同煉金術，轉化出來的不是黃金，而是「富能量」。這樣的正能量，讓心感到富足，精神是富有的，是靈性世界的富翁！

禮物五：提升自己的氣場

氣場，簡單來說，就是自己的能量場。而能量是生命的來源，提升自己的能量，就等於提升自己的氣場。一位能量飽滿的老人，自然也是一位氣場強的老人。

我有一位鄰居，是一位獨居的老太太。她看到我時，總會跟我聊聊自己的老後生活。她看到社區內有許多外勞在陪伴著老人，就開始憂慮起來，擔心自己沒有這樣的財力，請人照顧她。所以她希望，老天讓她將來跌個倒，或者突然心臟衰竭過世，就不必拖那麼久。

我聽完之後，忍不住對她說：「您現在好手好腳，應該多去想自己還能做些甚麼？為什麼現在就在想要怎麼死掉比較好呢？有機會的話，您可以去看看那些躺在護理之家的老人，他們連下床的行動能力都沒有，您或許就會開始懂得感恩。」

每個人都有機會過老後生活，但不一定懂得如何度過老後生活；還沒進入老後生活，卻開始憂慮老後生活，帶著悲觀的心態來看待老後生活，如何為自己的生命畫上圓滿的句點呢？**生老病死，是生命的必經之路，但我們可以選擇，用甚麼樣的心態，走完這條生命之路。**

老病死，在所難免，但面對它們時，則需要智慧與勇氣。**智慧，幫助我們看清真相；勇氣，則啟發我們行動的力量。智慧和勇氣，就像划船時，左右兩邊的槳，唯有划動兩邊的槳，才能到達目的地。**

總之，老病死並不可怕，可怕的是，沒有面對它的智慧及勇氣。有了智慧和勇氣，自己的靈魂就會更加強大，氣場也會跟著強大起來。當我們擁有強大的氣場，就不會害怕病魔和死神了！

這五份禮物，並不會從天而降，而是要用心經營自己的老後生活，活出最精采的自己，這才是給自己最珍貴的生命禮物。

七、好好當老人

當老人，其實並不困難。可是，好好當老人，並不是一件容易的事。

老人的智慧

我的鄰居是位老奶奶，有次她問孫子，大學聯考準備得怎麼樣？孫子隨便敷衍她幾句就離開了。他的兒子見狀說：「媽，您不要問，也不要管太多，好好當老人。」她聽完這句話後在想，如何好好當老人？

這位老奶奶的兒子又繼續勸她說：「老了，很多事不要問，這樣才能清心寡慾；很多事不要聽，這樣才能耳根清靜；很多事也不要看，這樣才能眼清目明。」

原來，**不要問、不要聽、不要看**，這樣就能好好當老人。

好好當老人，這句話說起來容易，但做起來不簡單。這三「不」，是方法，更是智慧。當個有智慧的老人，就自然能**好好當老人，老人好好當！**

無常，是生命的真相。在病魔面前，眾生皆平等。世界上沒有一樣東西，是真正屬於我們的，只有我們活著的每一刻瞬間、每一個當下，才真正屬於自己。**活著，就是一件美好的事情。與大家共勉！**

（註一）

《病人自主權利法》已於108年01月06日正式上路！是我國第一部以病人為主體的醫療法規，也是全亞洲第一部完整地保障病人自主權利的專法。強調病情告知本人、意願人具有選擇與決定權，以及透過預立醫療決定書保障五款臨床條件善終。詳細資料請看下列網址內容：

https://tinyurl.com/yxsoznn4

（註二）

在安寧緩和醫療條例中，【安寧緩和醫療】是指為減輕或免除末期病人之痛苦，施予緩解性、支持性之醫療照護，或不施行心肺復甦術。其中緩解性、支持性的醫療照顧包含了：

1. 身體不適症狀之控制，如疼痛或呼吸困難等。
2. 心理與靈性問題之紓緩，如焦慮、憂鬱、失望等。
3. 家庭與社會功能之協助，如主要照顧者之支持與協助、善別與哀傷輔導等。

最後在面臨生命終點時不再施行心肺復甦術，更是安寧緩和醫療維護病人善終最重要的核心主張。詳細資料請看下列網址內容：

http://depart.femh.org.tw:8080/peaceful_qa.php

寫在最後：我們的老後生活是值得期待的

人的一生，如同一條有時間軸的尺，從出生開始，生命就已經按下碼表，開始我們的人生。這把尺的起點是出生，終點是死亡，不管男女老幼，無論是魯蛇（loser）或是人生勝利組，每個人的尺都一樣，只是長短不同。

照顧好自己

人生的這把尺，從表面上看來，「出生」了大部分的時間，「死亡」僅在一瞬間。但實際上，我們的每一分每一秒，都在求生迎死。求生，是為了忙生存；迎死，那是打從生命按下碼表後，我們就離死亡的終點越來越近。總之，我們的生命目標就是在求生迎死。

生與死，看似兩個簡單的支點，但是，當我們活得越久，越覺得生命的出生與死亡，都不是簡單的事，而且五味雜陳悲喜交集，甚至苦多於樂。等到這把尺的定點，離死亡終點越來越近時，我們或許會難過、悲傷、憤怒及絕望等等，但尺的定點依然照著生命常規不斷地往死亡終點移動著……

有句話說：「我們不能掌控天氣，但我們能掌控自己的心情。」同樣的，「我們無法掌握生命這把尺的長度，但能掌控我們的心態。」面對這麼絕對又似乎冷酷的尺，我們得學會如何求生迎死，才能生得從容死得優雅。因此，如何求生迎死，成為大家必修的人生學分。

這讓我想到曾看過的一部電影《終極假期》，片中女主角是一位百貨公司女銷售人員，被醫生誤診為罹患癌症末期，只剩下不到一個月的生命。原本人生平淡如白開水的她，決定善用僅有的時光，活出真正的自己以及自己想要的生活。

有一次她對著鏡中的自己說：「Next time, we do things different. We'll laugh more, We'll love more. We'll see the world. We just won't be so afraid.」（下一次，我們做的事情會有所不同。我們會笑得更多，我們會愛得更多。我們將會看到世界。我們只是不會那麼害怕。）藉此激勵自己嘗試新鮮事物，過出自己的生活，活出真正的自己！生命本是一連串的考驗及挑戰，排列組合的過程，極為現實及殘酷，唯有不斷的激勵自己、愛上自己，才能為生命增添無限可能！

在本書中，提到我們的「老」很「可觀」，那麼我們就學著當個「奇蹟老人」；我們的「老」很「可惱」，那麼我們就學著當個「可愛老人」；我們的「老」很「可愛」，那麼我們就學著當個「溫柔老人」；我們的「老」很「可貴」，那麼我們就學著「好好當老人」。好好當老人，並且能讓自己可愛，能溫柔的對待自己，這就是一種生命的奇蹟。

達賴喇嘛說：「不論一個人的專業是什麼、從事的工作是什麼，我們每個人從生到死，都只是在致力於『照顧好自己』，這就是我們主要的工作。」生死，

是人生大事，「照顧好自己」是每個人對自己的責任。唯有如此，才能讓自己的生死俱安，才算對得起自己；也讓關心我們的人，能感到欣慰，這樣才能為自己的生命，畫上圓滿的句點。

活得好 064

好好老，不怕老！

一位居服員的體悟與省思， 帶你提早做好迎老的身心準備。

每一個人都會老，面對一連串迎老的挑戰，你開始準備了嗎？

作　　者　楊嘉敏
顧　　問　曾文旭
統　　籌　陳逸祺
編輯總監　耿文國
主　　編　陳蕙芳
編　　輯　翁芯俐
封面設計　李依靜
內文排版　李依靜
法律顧問　北辰著作權事務所

印　　製　世和印製企業有限公司
初　　版　2021年02月
出　　版　凱信企業集團-凱信企業管理顧問有限公司
電　　話　（02）2773-6566
傳　　真　（02）2778-1033
地　　址　106 台北市大安區忠孝東路四段218之4號12樓
信　　箱　kaihsinbooks@gmail.com

定　　價　新台幣 320 元／港幣 107 元
產品內容　1書

總 經 銷　采舍國際有限公司
地　　址　235新北市中和區中山路二段366巷10號3樓
電　　話　（02）8245-8786
傳　　真　（02）8245-8718

國家圖書館出版品預行編目資料

好好老，不怕老！一位居服員的體悟與省思，
帶你提早做好迎老的身心準備。 / 楊嘉敏著. --
初版. -- 臺北市 : 凱信企管顧問, 2021.02
面；　公分
ISBN 978-986-99393-8-6(平裝)

1.老人學 2.老年 3.生活指導

544.8　　　　109016412

凱信企管

用對的方法充實自己，
讓人生變得更美好！